莊子集成　劉固盛　主編

南華經句解

[明]陳榮選　撰

劉韶軍　點校

海峽出版發行集團
THE STRAITS PUBLISHING & DISTRIBUTING GROUP
福建人民出版社

二〇一一—二〇二〇年國家古籍整理出版規劃項目
全國高等院校古籍整理研究工作委員會直接資助項目
華中師範大學中國語言文學一流學科建設項目

莊子集成出版前言

《莊子》是先秦道家重要經典，戰國中期莊周及其後學所撰。《莊子》原爲五十二篇，經西晉郭象删削編定，尚存三十三篇流傳至今。《莊子》在兩漢未受特别重視，至魏晉之際，因與玄學思潮投合，注釋漸多，影響較廣的有崔譔、向秀、司馬彪諸家，但多已亡佚。惟郭象參考諸家之注，加以發揮，形成後世通行的注本。唐代成玄英又依郭注作《南華真經注疏》，補釋郭注未及的字義名物，在思想上也有獨到闡發。陸德明《經典釋文》中有《莊子音義》三卷，因保存較多唐以前異文舊注，爲治《莊》必備之書。

目前流傳下來的《莊子》注本，多成書於宋以後。宋學長於義理思辨，以儒、釋、道解《莊》的傾向較爲明顯，到明代更形成了會通三教的風氣。宋代興起文章評點之風，林希逸、劉辰翁評析《莊子》，引發對《莊子》語言及行文的探索。明代又出現方式更多樣、結構更嚴密的《莊子》評點類著作，《莊子》文章批評成爲專門領域。

清乾嘉以來，考據輯佚之學盛行，注《莊》者更重視校釋文義、考正韻讀、輯補佚文，如盧文弨、王念孫、茆泮林、俞樾、孫詒讓諸家，均取得較高成就。清末郭慶藩、王先謙先後撰《莊子集釋》、《莊子集解》，雖繁簡各殊，而均以集納衆長、具總結性質，成爲百年來最通行的《莊子》注本。近代以降，隨着新舊學術轉型，《莊子》研究多從哲學史、文化史角度展開，或進行學術史的總結，已突破傳統格局。

歷代莊學著述今存三百餘種，近人嚴靈峰編《無求備齋莊子集成初編》、《續編》及《老列莊三子集成補編》，始予系統影印；方勇主編《子藏·道家部·莊子卷》，又續有增益。然均未經點校，不便閱讀。爲總結歷代莊學成就，推動莊學研究進程，福建人民出版社與華中師範大學道家道教研究中心合作編纂《莊子集成》，系統整理魏晉至民國間中國學者有關《莊子》的注疏文獻，分輯出版，以備廣大讀者、研究者使用。

二〇二二年十一月

點校說明

《南華經句解》，四卷，陳榮選撰。

陳榮選，生卒年不詳，福建同安（今屬福建廈門）人，字克舉，號鰲海，據清林焜熿《金門志》，其為明萬曆四年舉人，後任香山知縣、廣州同知、儋州知州等。曾著《易四書旨》《禮記集注》及本書，又輯校《宋蘇文忠公居儋錄》五卷，明萬曆二十三年刊。

嚴靈峰《無求備齋莊子集成》目錄題為『南華全經分章句解，明陳榮選撰，明刊本』，所收實為乾隆三年饒青軒刊本，為其七世孫重刊之本。本書目錄所題書名為『莊子南華全經句解』，正文書名為『南華全經分章句解』，作者題名為『輪山鼇海陳榮選撰』，由其七世孫陳廷信、陳廷尹重刊。

此書錄《莊子》全文，據己意分章，在正文文本中夾以注釋，各篇題下另有篇題解釋。每頁欄上則附有評語，對正文行文及句意加以點評。

此書無他校本，僅據此本標點，原文或有漫漶不清之處，據《古逸叢書》所收覆宋本《莊子注疏》（郭象注、成玄英疏）核正。此本如『己已巳』不分，或另有避諱缺筆改字，均直接校正，不另出校。

整理者

陳鰲海先生傳

遯菴蔡復一撰

史遷談道術，謂孔、老互相詘。而吾邑鰲海陳公獨深論其不然。公所註書，易、禮記，儒矣，而爲老莊解，和以天倪，悠然霞外想。夷考其行事，孝友廉惠，滿鄉國口，居官有愛利人之實，歸於不伐施，不居名，曠如也，是足繹玄心名教之相爲用已。公最善復一，先子其葬也，諸子徵狀，會復一病，遂先有狀，若銘復一曰：狀不並行，傳之其可也。非文能傳人，而人有必以文傳者，則以孔、老傳公，不若以公傳公之，存也。夫稱孔、老者，莊生之所謂重言也。

陳公榮選，字克舉，鰲海其別號也。在宋有侍講櫄十餘傳，而偵訓長樂，至太守。公健從浯洲徙縣城北，北門陳自此始，公其孫也。以甫吉公第二子出，後仲父甫烈事所後母許及父生母黄，以孝稱，共子之無間言。少有高韻，好讀書，善談名理，穎出诸生間，而困於省試。比遊太學，舉順天丙子。是時兄榮祖先以甲子上公車矣，江陵相閱雍課，得公論而善之。人謂公亟見相君，可爲仕版地，公不見也。甫吉公訃至，公即棄南宮試，從兄榮祖歸守喪。喪生母黄如之，曾不以後人爲解。君子恩篤生腹，可能也絶私有文，心喪未制，割人榮而不以禮抑性，難夫！然許宜人歡，公歸不嫌也。公之孝深矣，是母是子，許宜人患癱，公千里延醫，侍七劑，不解帶，以逮於復。邑令柴高其行，表閭節孝。公愀然曰：「安有以事母成吾名？」念母春秋高，謁選劍州，夫行而奔訃。公既屈名伸養而禄不逮親，自傷其志，悲慕有加焉。服除，改儋洲，喜曰：「此蘇子瞻載酒處也。」堂於其旁，與士人講業，手所著《三經註》《老莊解》授之，蒸蒸奮於文學矣。時礦税横甚，置郵疲於奔走，公收恤凋攰民，即以官事行部，猶裹糧僦騶，不動額餽一錢也。生黎叛服不常，爲練土著，修文告，以勸行撫卒戢定之。稍遷廣州府同知，儋人扃城願借陳公一年。既治廣，挕香山篆司權貴人膏，視澳税浮增其額，臺使者姑柔之。公獨力爭得量減，是以治最有聲。而貂而虎者，目躭躭屬公，曰：「三釜已矣，而猶令車生耳哉？吾爲吾親，半通綸也。今再考貤兩父母，吾幾有以子。吾裝吾《三經註》《老莊解》歸矣。」遂乞骸，上下不能挽，儋廣人祀之。歸焚黄於墓，散俸金歲租與弟姪族屬故人。亡何，病卒。

公席先資素封，奉身如寒士而好施，無與比。所結交皆志誼知名士，貧才待以舉火，假貸不能償，即焚其券。方在孝廉諸生黄時，詿誤坐殺人，其弟黄應徵挺身代承，有司改論徵大辟。數讞無悔，公泣而號於衆，多出之。其守儋也，師獻黎俘，活冒拏無辜百餘。公手録儋政，爲《冥積》一書，語兒孫曰：「吾冥積中可無憾才，此耳。」自少年不爲江陵所羅致，及垂老解官，猶用忤中貴，故終不自言。人曰公得老氏之精者也，粗則與孔岐，而精則爲孔用。讀公註經解《老》《莊》，皆白鬯夷澹，不爲美言，而泊若玄酒之有餘味。儁傷巧累，吾知免矣。是即公之所以爲公哉！先子服公德宇，爲復一言，雖酒伎雜作，而神氣穆閑。嘗與公詣縣令，路諷《莊子·秋水》篇，自如也。復一候公粤歸後，公推同年何雅孝，有古人風，而謬許復一可輩之。時公仲子士龍嚮一先生，言道學甚辨，公論不盡同，曰：「顧行何如耳？」公娶黄，繼娶呂，皆能佐公孝，佐公施，而呂從公於宦，及佐公廉。至其視黄宜人子女及諸黄，必愈於己，君子益以知公。

贊曰：公經學類漢儒，玄理類晉人，然漢治《禮》戴聖，治《書》《易》馬融。當官皆無潔廉譽，或謂《老》《莊》輕物，而公餘於財，宜其廉好施也。夫鑽李責衣者，而非竹林人，竟與牙籌老耶？公於玄理心韻有以合之，非浮慕爲也。雖不用孔、老重公，公重矣！

序

儒者無書不可讀，經書之外，旁及諸子，而諸子之家傳户誦者，莫如《莊》。蓋其爲文，洸洋奇肆，不可方物。自唐、宋以來，諸大家無不奪胎於此。雖其理解時與吾儒出入，而龍門以爲寓言，其無所粘着，正其悠然超悟之機者也。

先世祖鰲海公，湛深經術，精研儒先《易》《書》《禮》三經解，而外旁及《老》《莊》，字釋句詮，不落前人窠臼，盛行於世。鄉先正大司馬蔡清憲公重其爲人，特爲立傳，謂其在家爲孝子，出仕爲廉吏，居鄉爲正人君子，而其解經與《老》《莊》，謂其白罶夷澹，有伭酒之餘味，而無傷傷巧累之譏。清憲公學術經濟推宇内，少許可，獨心折先祖之爲人，與所著書，則为子孫者，敢不因其手澤，尋其精神，欽爲至寶，以庶幾繩武之萬一哉！顧自鼎革以來，兵燹頻仍，凡諸梨棗，刼灰殆盡。所深幸者，《三經解》猶存《禮記》，《莊》則有《南華句解》及《三元品彙》，而序文失之。《老》則散佚而不可復得矣。邇家大人及叔父命信等曰：「吾祖績學著書，歷今百有餘年，猶幸殘編之未泯，若不再爲搜輯，數傳而後世遠言湮，徒令先人手澤付之烏有先生，是亦子若孫之憾也。」爰即《南華》先細加參校，重付剞劂。仍將蔡清憲先生所撰《傳》一并彙梓，俾讀者知先祖經書之外，無不旁通，得力庶幾經濟學術。得與洸洋奇肆不可方物之文，竊附不朽。而小子亦庶藉是以慰先靈焉耳。」《禮》曰：「先祖無美而稱之，是誣也。有善而不知，不明也。知而弗傳，不仁也。三者，君子之所恥也。」今兹之役，敢以質諸當世具眼之君子。至於《禮記》一書，卷帙浩繁，仍俟續刻云。

乾隆三年丁巳，蒲夏望日，七世孫廷信、廷尹仝敬識。

目録

雜篇

卷四

通篇大小二字，乃其眼目。

此段形容胸中廣大之樂，設此譬喻，見宇宙無限，世界不可以俗見窺測。

南華全經分章句解卷一

輪山鰲海陳榮選撰　七世孫廷信藩伯、廷尹達伯重梓

内篇逍遥遊第一

逍遥遊者，此篇所立之名也。内篇有七，皆以三字名之。遊者，心有天遊也。逍遥，言優游自在也。

北冥即北海。有魚，其名爲鯤。鯤之大，不知其幾千里也。化而爲鳥，其名爲鵬。鵬之背，不知其幾千里也。怒而飛，其翼若垂天之雲。言翼之大若雲，垂天旁。是鳥也，海運海氣動也。則將徙於南冥。南冥者，天池也。天池即南海，不曰南海而曰天池，文字變化之妙處。

齊諧者，志怪者也。齊諧，古書名。志怪，記怪異也。諧之言曰：鵬之徙於南冥也，水擊三千里，水擊，舉翼擊水也。摶扶而上者九萬里。

引齊諧以自証，是其戲劇處。

此數句極精密言積氣之厚。

以下又自以息相吹上，轉生一意。

摶音團，飛而上也。扶摇，風名，飈風也。去以六月息者也去，謂從而南也。息，謂氣息也。去以六月息者，周之六月，夏正之四月也。於後天爲巽，正氣動風起之时，故大鵬乘此徙去。

野馬也，塵埃音哀也，生物之以息相吹也。野馬，田間游氣也。塵埃，日光中游塵也。皆氣至而後動者。比之大鵬，去以六月，其理則同，故曰生物之以息相吹。天之蒼蒼，其正色邪？其遠而無所至極邪？其視下也，亦若是而已矣。天色蒼蒼，遠無止極，從下視上，若蒼蒼也。鵬上摶下視，亦若是已矣。

且夫水之積也不厚，則負大舟也無力。覆杯水於坳堂之上，則芥爲之舟；置杯焉則膠，坳堂之凹處也。傾盃水於堂坳，以芥爲舟則浮，以杯爲舟則膠。水淺而舟大也。風之積也不厚，則其負大翼也無力，故九萬里則風斯在下矣，而後乃今培風，厚風也。背負青天而莫之夭閼者，而後乃今將圖南。言而后乃今，必得培厚之風，可以載鵬而上，背負青天而莫之夭閼者，而后可以圖南。夭，折也。閼，不通也。圖，謀也。南，謂南徙。

蜩音條，蟬也。與鷽鳩鷽音學，謂學飛小鳩。笑之曰：「我決音血。起而飛，搶榆枋，音方。時則不至，而控於地而已矣。決起，疾飛起也。搶

此喻見小者不知世界之大

莽蒼以下又喻遠近志趣不同

小知句結上鵬鳩。小年句生下一段譬喻。

既说齊諧，又引湯之問棘一段，以爲符契。意同而語有變化，是他文章妙處。

突也。榆枋，二木名。時則不至，有時而飛，不能上也。控地，投於地也。奚以之九萬里而南爲？」適莽蒼者，三餐而反，腹猶果然。適，往也。莽蒼，一望之地蒼然不見者也。果然，飽滿也。言適至近之地者，一日而反，腹猶飽滿，而不待積糧。適百里者宿舂糧，隔宿舂米而去，非特三飧矣。適千里者三月聚糧。行愈遠者，其積當愈厚，故三月聚糧。之二蟲，又何知？二蟲，蜩、鳩也。

小知音智。不及大知，小年不及大年。小年，時未久也。大年，多歷年也。奚以知其难也？朝菌不知晦朔，蟪蛄不知春秋，此小年也。菌音窘。朝菌，糞芝也。朝榮而夕瘁，故不知有晦朔。蟪蛄，寒蟬也。夏生而秋死，故不知有春秋。以年小，故知小也。楚之南有冥靈者，以五百歲爲春，以五百歲爲秋。冥靈，蓋靈龜也。靈龜千歲。古有大椿者，以八千歲爲春，八千歲爲秋。大椿，一萬六千歲。而彭祖乃今以久特聞，衆人匹之，不亦悲乎？彭祖，姓籛，名鏗，堯封於彭城，至商，年七百歲。言彭祖以久特聞，死與衆匹，故曰不亦悲乎！衆人以彭祖爲大年，南華以彭祖爲小年也。

湯之问棘也是已，棘，湯時賢人，《列子》作夏革。窮髮之比。窮髮，不毛也。有冥海者，天池也。有魚焉，其廣數千里，未有知其脩長也。

末句小大之辨也，結上意，生下意。

此下正言大小之辨。

一層深一層意。

至人三句結上生下。

者，其名爲鯤。有鳥焉，其名爲鵬，背若太山，翼若垂天之雲，摶扶搖羊角而上者九萬里。羊角亦風，屈曲勢。絶雲氣，負青天，然後圖南，且適南冥也。斥鴳音晏。笑之曰：「彼且奚適也？我騰躍而上也，不過數仞而下，翱翔蓬蒿之間，此亦飛之至也。而彼且奚適也？」此小大之辨也。鵾鵬之圖南，斥鴳之騰躍，小大不同，故曰此小大之辨。

故夫知音智。效一官，行比俱去聲。一鄉，德合一君，而徵一國者，其自視亦若此矣。而宋榮子猶然笑之，榮子，宋賢人。且舉世譽之而不加勸，舉世非之而不加沮，定乎内外之分，辨乎榮辱之境，斯已矣，彼其於世未數數音朔。然也。雖然，猶有未樹也。猶未樹，言未免行世也。夫列子御風而行，泠然善也，旬有五日而後反。列子，鄭人，名禦寇，問道關尹子，九年能御風雨行。按：御風，神出入不着地也。旬有五日而後反，神出半月始歸也。彼於致福者，致福，脩身求福。未數數然也。此雖免乎行，猶有所待者也。有待，待風也。若夫乘天地之正，而御六氣之辨，六氣，陰、陽、風、雨、晦、明。以遊無窮者，彼且惡乎待哉？故曰：至人無己，神人無功，聖人無名。無己者，不見形氣也。無功者，不見功行此言聖人無名。

讀此章想見淳古揖遜之風。

韓昭侯以加衣罪典冠，亦不越樽俎之意。

也。無名者，道隱無名也。

堯讓天下於許由，曰：「日月出矣，而爝燭仝。火不息，其於光也不亦難乎？時雨降矣，而猶浸灌，其於澤也不亦勞乎？夫子立而天下治，立，不動也。而我猶尸之，吾自視缺然，請致天下。」言以天下歸之。許由曰：「子治天下，天下既已治矣，而我猶代子，吾將爲名乎？名者，實之賓也。吾將爲賓乎？名，外也。故爲賓。不爲賓者，言不以外物自喪其身。鷦鷯巢於深林，不過一枝，偃鼠飲河，不過滿腹。歸休乎君！君，真君也，所謂實也。歸休乎君，猶葆真藏神之意。予無所用天下爲。庖人雖不治庖，尸祝不越樽俎而代之矣。」庖人尸祝，各有所司，二句喻不舍己以從人意。

肩吾問於連叔曰：「吾聞言於接輿，大而無當，往而不反，吾驚怖其言，猶河漢而無極也，大有逕庭，不近人情焉。」逕，門前路也，庭，堂外地也。言與尋常之言大相去也。連叔曰：「其言謂何哉？」曰：「藐音渺。姑射音亦。之山，有神人居焉，肌膚若冰雪，肢體清瑩也。淖音綽。約若處子，德性柔好也。不食五穀，吸風飲露，乘雲氣，御飛龍，而遊此言神人無功。

塵垢二句，即《讓王》篇言土苴治天下之意。

此言至人無己。

乎四海之外。其神凝使物不疵癘而年穀熟。吾以是狂音誑。而不信也。」連叔曰：「然，瞽者無以與乎文章之觀，聾者無以與乎鐘鼓之聲，豈惟形骸有聾盲哉？夫知亦有之是。其言也，猶時女音汝。也，時，是也。女與汝同，謂如此言語，豈是汝這等人能之。之人也，之德也，將磅礴萬物以爲一世，蘄音其。乎亂，孰敝敝焉以天下爲事？磅礴周游，無心意蘄祈也。亂，治也。此等人其爲德也，周游萬物之上，而世自祈乎治，彼肯敝敝自勞以天下爲事。之人也，物莫之傷，大浸稽天而不溺，大旱金石流土山焦而不熱，是其塵垢秕糠，猶將陶鑄堯舜者也。孰肯以物爲事？」陶鑄堯、舜，謂堯、舜事業皆在陶鑄中，不以物爲事，總是神凝意。

宋人資章甫而適諸越，越人斷髮文身，無所用之。堯治天下之民，平海内之政，往見四子藐姑射之山，汾水之陽。窅音窈。然喪其天下焉。四子當作許由、齧缺、王倪、被衣也。四子道存師友，故堯因許由而往見之。汾陽，堯都也。窅然，茫然之意。

惠子謂莊子曰：「魏王貽我大瓠之種，我樹之成而實五石，可以貯五石也。以盛水漿，其堅重也。不能自舉也。言一人之力不能舉也。

說到聖人、神人、至人，已是大之極了，又恐人疑其茫蕩而無所用，復設大瓠大樗爲喻。

引不龜手便結，最文之斬截處。

剖之以爲瓢，則瓠落無所容。瓠落，大貌，猶廓落也。非不呺音囂。然大也，呺然，虛大之貌。吾爲其無用而掊之。」莊子曰：「夫子固拙於用大矣！宋人有善爲不龜手之藥者，不龜手藥，以冬月澤手不文理。龜，折也。世世以洴音屏。澼音僻。絖音曠。爲事。洴澼，打洗也。絖，絮也。客聞之，請買其方百金。聚族而謀曰：『我世世爲洴澼絖，不過數金，今一朝而鬻技百金，請與之。』客得之，以說吳王。越有難，吳王使之將，冬與越人水戰，大敗越人，裂地而封之。能不龜手一也，或以封，或不免於洴澼絖，則所用之異也。今子有五石之瓠，何不慮以爲大樽，而浮於江湖，言何不思以爲浮江之樽乎？浮江者，以大樽繫腰則免沉溺。而憂其瓠落無所容，則夫子猶有蓬之心也夫。」蓬之心，謂蓬蒿之見，言短小也。

惠子謂莊子曰：「吾有大樹，人謂之樗。惡木也。其大本擁腫而不中繩墨，大本，木身也。擁腫，盤結輪囷也。其小枝卷音拳。曲而不中規矩，立之塗，匠者不顧。今子之言大而無用，衆所同去也。」莊子曰：「子獨不見狸狌音星。乎？狸狌，狐屬。卑身而伏，以候敖者，敖，

「無何有」二句喻造化自然至道之中自有可樂之地。寫盡逍遥景趣。

物之遨遊者。東西跳梁，不避高下，中於機辟，辟音闢，機辟，掩取禽獸之機檻。死於罔罟。今夫斄音狸。牛，旄牛也。其大若垂天之雲，此能爲大矣，而不能執鼠。今子有大樹，患其無用，何不樹之無何有之鄉，廣莫之野，言何不樹之寂寞虚曠之地。彷徨乎無爲其側，逍遥乎寢卧其下。不夭斤斧，物無害者，無所可用，安所困苦哉。」

「喪我」字從前篇「至人無己」上生出，此是齊物之機，通篇皆發此意。

内篇齊物論第二

物論猶言衆众也，齊者，一也。欲合衆論而爲一也。

南郭子綦隱几而坐，仰天而噓，嗒音答。然似喪其耦。嗒然，解體之貌，喪耦即喪我，謂忘形也。顔成子游立侍乎前，曰：「何居乎？形固可使如槁木，而心固可使如死灰乎？今之隱几者，非昔之隱几者也。」子綦曰：「偃，不亦善乎，而問之也？今者吾喪我，女知之乎？」「女聞人籟而未聞地籟，女聞地籟而未聞天籟夫！」籟，簫管也。比竹而成，管有长短，聲有高下，吹萬不同，正以暗喻物論之不齊者，乃人所爲，故曰人籟。地籟則木之衆竅，感噫氣而成聲者。天籟則無聲而能聲天下之聲者，所謂若有真宰而特不得其眹，故歸之曰天，其意見下。

子游曰：「敢問其方。」子綦曰：「夫大塊天地也。噫氣，其名爲風，是惟無作，作則萬竅怒呺。音號，萬竅，萬木之竅。而獨不聞之翏翏音流，風聲。乎？山林之畏佳，畏音偉，佳音萃，木摇動也。大木百圍之竅穴，似鼻似口似耳似枅音雞。似圈似臼似洼者，似污者，木之竅穴有兩孔而似鼻者，有一孔而似口者，有孔斜入而似耳者，有孔方而似枅者，有孔圓深而似圈者，有淺而似臼者，有曲而似洼者，有廣而似污者。激者謞音孝。者叱者吸者叫者譹音豪。者宎音杳。者咬音狡。者，激者，戛而聲止。謞者，去而聲疾。叱者，出而聲粗。吸者，入而聲細。叫者，高而聲揚。譹者，下而聲濁。宎者，深而聲留。咬者，吠而聲續。前者唱于，而隨者唱喁。于，輕唱也。喁，重和也。前後，風之前後陣也。泠風則小和，飄風則大和，厲風濟則衆竅爲虚，而獨不見之調調之刁刁乎？泠風，小風也。飄風，疾風也。厲風，猛風也。濟，止也，言風止則衆竅爲之一虚，不復如許作聲。調調、刁刁，皆衆木摇動之貌。」

子游曰：「地籟則衆竅是已，人籟則比竹是已，敢問天籟？」子綦曰：「夫吹萬不同，而使其自己也。咸其自取怒者，其誰耶？」吹，聲也。言天下之聲萬有不同，而使其自己出者，皆取諸己而不由於天，則前衆竅中之怒而號者誰耶？

大知音智。閒閒，小知間間，閒閒，從容暇豫之意。間間，有别也。大言

插寫竅穴意態如畫，又復插寫竅穴之聲，非南華安得這般手段？

前曰獨不聞，後曰獨不見，此一段文字之關鎖。

既説地籟，就趂此文法，補一句繳斷人籟，此是作文之妙處。

此下括寫人心，許多變態，與上風木形聲同一意旨。

字法句法如音峰怪石，當作別觀。

又以十二字模寫接物情狀。

日夜相代以下，皆言造物所爲皆在目前，而人所不見。

炎炎，小言詹詹。炎炎，美盛貌。詹詹，小扁貌。**其寐也魂交，其覺也形開。與接爲構，日以心鬬。**構物接而心營構，鬥心與物相攻鬬。**縵**音幔。**者窖**音教。**者密者，**縵者，慢緩無斷，柔人也。窖者，潛機不露，險人也。密者，錙銖必較，細人也。**小恐惴惴，大恐縵縵，**惴惴，心事不寧。縵縵，散緩自失，緩人也。**其發若機栝，其司是非之謂也。**同是非者，主訟之輩，意在中人，尋其肯綮，發若機括，刁人也。**其留如詛盟，其守勝之謂也。**守勝者，固執己見，如留詛盟誓，不敢動，拗人也。**其殺如秋冬，以言其日消也。**言上數等人，天真日滑，消之又消，至老死而不覺，故曰日消。**其溺之所爲之，不可使復之也。**載胥及溺，不可挽回，故曰不可使復之。**其厭也如緘，以言其老洫也。**厭如《大學》厭然之厭，緘，閉藏也。機心益熱，愈老愈深，故曰老洫。**近死之心，莫使復陽也。**人心不死，尚有生意可回，今此近死之心，可使復陽乎？言必不能也。

喜怒哀樂，慮嘆變慹，音聶。**姚佚啓態，**變者反覆，慹者憂疑，姚，央庠也，佚，縱逸也，啓，開心也，態，作狀也。**樂出虛蒸成菌，**言其人雖是如此，寔不自由，如樂之出虛，而乍作乍止，如蒸之成菌，而倏生倏死。**日夜相代乎前，而莫知其所萌。已乎已乎！旦暮得此，其所由以生乎？非彼無我，**言不是此又就人身上發明一段，甚奇特。

此段惕人迷失真君，令其有深省處。

以上盡發揮喪我一句。

彼，則我不能以自成。非我無所取，言非我去取他，則彼亦不能以自見。是亦近矣。如此而論，造化不離己身，似亦近矣。而不知其所爲使，若有真宰，而特不得其朕。可行己信，而不見其形，真宰使人，人便行之，說以與人，人亦信之，只爲不見其形。有情而無形。言真宰有情而無形，有情故能使人，無形故人不得其朕也。

百骸九竅六藏，賅而存焉。賅音該，備也。吾誰與爲親，汝皆說喜也。之乎？其有私私喜。焉，如是皆有爲臣妾乎？互相爲役也。其臣妾不足以相治乎？其遞音第。相爲君臣乎？百體君臣無定，即心君亦不能自主。其有真君存焉，真君即真宰。如求得其情與？不得無益損乎其真。如惟求見到寔處，或不見得，皆無益損乎真君，言不必深求也。

一受其成形，不亡以待盡。言此真君自受形以來，便與我相守，不忍忘去，直待此形之盡而後已。與物相刃相靡，物，外物也。其行盡如馳而莫之能止，不亦悲乎！終身役役而不見其成功，苶音涅。然疲役而不知其所歸，可不哀耶？人謂之不死，奚益？其形化，其心與之然，其形哀，而心與俱疲。可不大哀乎！人之生也固若是芒乎？其我獨芒而人此方接入物論。

露是非二字，作後來許多眼目。

此段言人言之未定，物論所以不齊之故。

以明字伏後案。明是齊字第一箇道理，因是齊字第一箇方法。

亦有不芒者乎？芒，無知之貌。

夫隨其成心而師之，誰獨且無師乎？奚必知代。而心自取者有之，愚者與有焉。言真宰人人有之，奚必知古今代謝，取於造物之獨隆者有之，雖愚者亦與有焉。未成乎心而有是非，是今日適越而昔至也。是以無有爲有。無有爲有，雖有神禹，且不能知，吾獨且奈何哉？

夫言非吹也，言者有言，其所言者特未定也。果有言耶？其未嘗有言邪？言非吹也，言非如地籟之吹，萬物一以無心也。言出于人，未能無心，故言特未定，不可爲準。言既未定，人之視之，亦如無有，故曰果有言耶？果未嘗有言邪！其以爲異於鷇音寇。音，亦有辨乎？其無辨乎？鷇，鳥初出卵也。人聞禽言，如鵲則報喜，鴉則報凶，可聽爲準。鷇音未定，則不可爲準矣。人言之未定，猶是也。

道惡乎隱，而有真僞？言惡乎隱而有是非？隱即晦意。道惡乎往而不存？言惡乎存而不可？道隱於小成，言隱於榮華，故有儒、墨之是非，以是其所非，而非其所是。欲是其所非，而非其所是，則莫若以明。明者，明乎本然之未始有是非，而後是非可泯也。

物無非彼，物無非是，自彼則不見，自知則知之，故曰彼出於有彼有是，正與方生之說同。此又撰出一箇方生字來譬喻。

以明字轉應。

此又發明所以因是之故。

是，是亦因彼。既有我，則見天下何物非彼？何物非是？若看之他人，則不見，驗之自己，則知之。如是則知是出於彼，是亦因彼而已，何必與之更辨其非是哉？

彼是方生之說也，謂是非即生死之說也。雖然，方生方死，方死方生，方可方不可，方不可方可，因是因非，因非因是，是以聖人不由而照之於天，亦因是也。亦因夫是而已。

是亦彼也，彼亦是也，既曰因是，則見物無非彼，物無非是，故曰是亦彼也，彼亦是也。彼亦一是非，此亦一是非，果且有彼是乎哉？果且無彼是乎哉？彼是莫得其偶，謂之道樞。無人我對待，是無偶也。道樞得道之樞要也。樞始得其環中，環者員而中虛。以應無窮，是亦一無窮，非亦一無窮也，故曰：莫若以明。

以指喻指之非指，不若以非指喻指之非指也。以我指喻人指爲非，莫若以彼之非指者，反喻我指，彼亦以我爲非矣。以馬喻馬之非馬，不若以非馬喻馬之非馬也，天地一指也，萬物一馬也。言天下原無相非之理，即舉天地萬物，皆不可以一偏相非，故曰：天地即指也，萬物即馬也。

可乎可，不可乎不可。言因在之可否，而可否之。道行之而成，行之闡被是字意。

「因是已」二句，以下句「已」字粘上「已」字，此是筆端鼓舞處。

此喻是非名類而實則同，能因是則世自無爭矣。

即成。物謂之而然。說之即是。惡乎然，然於然。因其然者而然之。惡乎不然，不然於不然。因其不然者而不然之。物固有所然。本然有一箇是。物固有所可，無物不然，無物不可，故爲是舉莛音庭。與楹。音盈。厲與西施，莛，屋梁。楹，柱也。厲，癩也。西施，美婦人。恢恑音詭。憰音決。怪，道通爲一。恢，大也。恑，詐也。憰，詭也。怪，異也。道通爲一，言初皆出于造物。其分也成也，其成也毀也，凡物無成與毀，復通爲一。破碎曰分，圓就曰成，敗壞曰毀。

惟達者知通爲一，爲是不用而寓諸庸。是不用者，不用己是也。寓諸庸者，因人之是也。庸也者，用也，用也者，通也，通也者，得也，適得而幾矣。適，至也。至於得則幾矣。因是已，已而不知其然謂之道。所以然者，因是而已。因是而不知其所以，則忘物忘我，渾然通而爲一，夫是以謂之曰道。

勞神明爲一，而不知其同也，言今之是者，竭精神以求其一，而不知其本同也。謂之朝三。何謂朝三？曰：狙音鉏。公賦芧，音序，山栗也。賦芧，輪芧栗而食狙也。曰：朝三而暮四。衆狙皆怒。曰：然則朝四而暮三。衆狙皆悅。名實未虧，而喜怒爲用，亦因是也。因是謂猶是也。

此段雖指天地之初說，然會此理者，眼前便是。

以「成虧」二字生出許多議論。

堅白，本公孫龍，蓋曰堅爲石，言石不必言堅，白爲馬，言白不必言馬。又淬劍論

與上文「因是」字不同。是以聖人和之以是非而休乎天均，休，止也。均，平也。此理無物不然，無物不可，故曰天均。是之謂兩行。是之謂是非並行。

古之人其知有所至矣，達夫道之至極。惡乎至？有以爲未始有物者，至矣盡矣，不可以加矣。其次以爲有物矣，而未始有對也。未始，太始。有物，太極。有對，兩儀。其次以爲有對焉，而未始有是非也。是非之彰也，道之所以虧，愛之所以成，果且有成與虧乎哉？果且無成與虧乎哉？是非之彰，起於人心之私。道虧則情偏，故恆愛我而忘物。若以造物觀之，又何成虧之有？

有成與虧，故昭氏之鼓琴也，無成與虧，故昭氏之不鼓琴也。「故」字作「昔」字看，昔昭氏以琴名家，其子不能世其業，便是有成與虧了。若昭氏不以琴名家，人何咎其子不能世父之業？便是無成與虧了。昭文之鼓琴也，師曠之枝策也，枝，柱也。策，杖也。或作杖策。惠子之據梧也。據梧者，以梧爲几，據而高談也。三子之知，幾乎皆其盛者也。三子皆盡慮竭智，幾乎其盛。故載之末年，故從事以終身。惟其好之也，以異於彼其好之也，欲以明之。彼言惟隨各所好，自以爲異乎人，故其好欲自鳴於人。非所明而明之，故以堅

曰：黄所以爲堅白，所以爲利辨者，曰黄。所以爲不堅白，所以爲不利。大抵皆强辯也。

又仅出「以明」字。此段文自「爲是不用」中「是」字生來。

此論天地造化之理，一層深一層。

「俄而」二句，節端入妙處。

「天下莫大」四句，是設喻以明是非有無之理，言大小壽夭，固

白之昧終。明，誇示也。惠子以其智與人之辨持，畢竟無甚道理，故以堅白之昧終此，便是惠子之虧處。而其子又以文之綸緒，終身無成。昭氏之子又以文之綸緒，終身不成精技，此便是昭氏之虧處。若是而可謂成乎？雖我亦成也。若是而不可謂成乎？物與我無成也。是故滑音骨。疑之耀。滑疑猶不分不曉，滑亂而可疑也。聖人所圖也爲是，不用而寓諸庸，此之謂以明。

今且有言於此，不知其與是與我之是者。類乎？其與是不類乎？類與不類。相與爲類，就類與不類中易地而觀，其相與爲類處。則與彼無以異矣。

雖然，请嘗言之：有始也者，有未始有始也者，有未始有夫未始有始也者，有有也者，有無也者，有未始有無也者，有未始有夫未始有無也者。俄而有無矣，而未知有無之果孰有孰無也。今我則已有謂有說也。矣，而未知吾所謂之其果有謂乎？其果無謂乎？

天下莫大於秋毫之末，而泰山爲小，莫壽乎殤子，而彭祖爲夭。天地與我並生，而萬物與我爲一。既已爲一矣，且得有言

有定分，而以理各足者，言時無小大壽夭，天地萬物與我無異。

末句結因是上，此是照顧題目處。

上面既說了彼我是非，到六合以下，又別生話頭來發明之。

乎？不得謂有。既已謂之一矣，且得無言乎？不得謂無。一與言爲二，二與一爲三，一與言便爲二，二與一相對便成三。自此以往，自此行之千萬。巧曆不能得，而況其凡凡常之人。乎？故自無適有，以至於三，適亦至也。而況自有適有乎？無適焉，因是已。何謂無適，即因是之說已。

夫道未始有封，封界。言未始有常，常主。爲是而畛，音軫。也。只爲立箇是字，便有畛岸。請言其畛。有左有右，有倫有義，有分有辨。有競有爭，此之謂八德。

六合之外，聖人存而不論。知而不言。六合之内，聖人論而不議。言而不詳議。春秋經世，先王之志，聖人議而不辯。不爭較是非。故分也者，有不分也；辯也者，有不辯也。惟不分辯，乃爲至言。曰：「何也？」聖人懷之，衆人辯之，以相示誇示。也，故曰：辯也者，有不見也。不見謂無識也，無識故辯。

夫大道不稱，無形可名也。大辯不言，大仁不仁，無仁之迹。大廉不嗛，音謙。不嗛，不自滿也。大勇不忮。無用勇之迹。道昭而不道，道可指名則非道。言辯而不及，言辨則是見有不及。仁常而不成，仁可見則非仁之大葆光，即上所謂滑疑之耀也。

「十日」二句，即莫若以明之喻。

齧缺同是之問，王倪不知之對，便是知止其所不知，但換造名字，鼓舞發揮，所以爲莊子。

成。廉清而不信，廉而有自潔之意則不誠。勇忮而不成，喪其功便是不成。五者园音完。而幾向方矣。五者員成之物而有迹，則露圭角矣。故知止其所不知，至矣。大知者必不知也。人能止其所不知，則其知至矣。孰知不言之辯，不道之道？若有能知，此之謂天府。見天理所會。注焉而不滿，酌焉而不竭，而不知其所由來，此之謂葆音保。光。藏光不露，言天理所會，不可損益，莫知終始，謂之葆光。

故昔者堯問於舜曰：「我欲伐宗、膾、胥敖，南面而不釋然，其故何也？」舜曰：「夫三子者，猶存乎蓬艾之間，言存國於卑陋，猶蓬艾之間也。若不釋然，何哉？昔者十日並出，萬物皆照，而况德之進於日者乎？」言豈不能容三子？

齧音臬。缺問乎王倪音霓。曰：「子知物之所同是乎？」曰：「吾惡乎知之。」「子知子之所不知邪？」曰：「吾惡乎知之。」「然則物無知邪？」「吾惡乎知之。雖然，嘗試言之：庸詎知吾所謂知之非不知耶？庸詎知吾所謂不知之非知邪？且吾嘗試問乎汝：民溼音湿。寢則腰疾偏死，鰌音秋。然乎哉？木處則惴慄恂懼，猨音猿。

統言物類各異。

上三節，皆爲是非物我之喻，故結之曰云云。

不熱不寒不驚，即游心於無物之始。

此承上言至人之事。

猴然乎哉？三者孰知正處？民體知安佚爲正處，而鰌猿不然，惡乎知正處？民食芻豢，麋鹿食薦，蝍且音即疽，蜈蚣也。甘帶，蛇也。鴟音痴。鴉嗜鼠，四者孰知正味？民口知芻豢爲正味，而蛆鴉不然，惡乎知正味？猨猵音騙。狙以爲雌，麋與鹿交，鰌與魚游，毛嬙音墻。麗姬，人之所美也。魚見之深入，鳥見之高飛，麋鹿見之决驟。急走也。四者孰知天下之正色哉？民目知好色爲正色，而魚鳥麋鹿不然，惡乎知正色？自今觀之，仁義之端，是非之塗，樊然殽亂，紛然，雜亂。吾惡能知其辨？」齧缺曰：「子不知利害，則至人固不知利害乎？」王倪曰：「至人神矣，大澤焚而不能熱，河涘沍音五。而不能寒，疾雷破山、風振海而不能驚。若然者，乘雲氣，騎日月，而游乎四海之外，死生無變於己，而况利害之端乎？」

瞿鵲子問乎長梧子曰：「吾聞諸夫子：指長梧子。聖人不從事於務，謂不容心於應事。不就利，不違害，不喜求，無所求於民。不緣道，無行道之迹。無謂有謂，未嘗不言也。有謂無謂，未嘗有言也。而游乎塵垢之外。夫子指孔子。以爲孟浪不言實也。之言，而我以爲妙道之行也。

字字奇特。

引驪姬事，插寫世態最有味。

本章旨歸正在「大覺」二字，最宜究心。

吾子以爲奚若？」長梧子曰：「是黃帝之所聽熒也，聽熒，謂聽而熒惑也。而丘也何足以知之？且女亦大早計，見卵而求時夜，方見鷄卵尚未孚化，便求候夜。見彈而求鴞炙。方見彈雀尚未墮丸，便求鴞炙。子嘗爲女妄言之，女以妄聽之。奚旁日月，挾宇宙。奚者，何如之意。旁日月，晝夜也，挾宇宙，一遠近也。爲其脗音吻。合，與道一也。置其滑涽，無汩心也。以隸相尊，隸，下也。先其至下也。衆人役役，聖人愚芚，衆人以智爲知，故役役。聖人不以智爲知，故愚芚。參萬歲而一成純，參萬歲，通古今，爲旦暮也。一成純，合萬變爲渾成也。萬物盡然，而以是相蘊。萬物盡然，因所然也，是亦然也。蘊，蓄也。以是相蘊，言無相非也。予惡乎知説生之非惑耶？予惡乎知惡死之非弱喪而不知歸者邪？弱喪者，少失其居也。不知歸者，不知還故里也。麗之姬，晉獻公之姬。艾封人之子也，晉國之始得之也，涕泣沾襟。及其至於王所，與王同筐牀，食芻豢，而後悔其泣也。予惡乎知夫死者不悔其始之蘄生乎？夢飲酒者，旦而哭泣。夢哭泣者，旦而田獵。方其夢也，不知其夢也，夢之中又占其夢焉，覺而後知其夢也。且有大覺而後知此其大夢也，而愚者自以爲覺，竊竊小見承上意啓下，又再作一段議論。

此言欲求其正之人而不可得，必待和以天倪。

「何謂」至「無辨」數句，別本在「窮年」以下，非。

貌。然知之。君乎牧乎！以君爲尊，其果尊乎？以牧爲卑，其果卑乎？固哉，丘也與女皆夢也，言丘以爲孟浪，女以爲妙道，皆夢言也。予謂女夢亦夢也。是其言也，其名爲弔音的。詭。弔，至也。詭，怪也。萬世之後，而一遇大聖知其解者，知其解，是解去生死之縛。是旦暮遇之也。」

「既使我與若辯矣，若勝我，我不若勝，若果是也？我果非也耶？我勝若，若不我勝，我果是也，而果非也耶？其或是也，其或非也耶？其俱是也，其俱非也耶？我與若不能相知也，則人固受其黮音坦。闇。不明貌。吾誰使正之？使同乎若者正之，既與若同矣，惡能正之？使同乎我者正之，既同乎我矣，惡能正之？使異乎我與若者正之，既異乎我與若矣，惡能正之？使同乎我與若者正之，既同乎我與若矣，惡能正之？詳言其正之雜。然則我與若與人俱不能相知也，而待彼也耶？」彼即天倪也。「何謂和之以天倪？」曰：「是不是，然不然，言是未必是，言然未必然。是若果是也，則是之異乎不是也亦無辯，然若果然也，則然之異乎不然也亦無辯。化聲之相待，有是然同異者，聲也。無是然同異者，化也。有聲者，有聲聲者，化聲若相待。若其不相待。不相待則無待矣。和之以天倪，因是以曼音萬。衍，所以窮年也。天倪者，自然之端，和不分也。曼衍者，無變之端，因不違也。和以天倪，因以曼衍，則物我不蔽于是非，而各盡其性命之分，此所以窮年也。忘年忘義，振於無竟，故寓諸無竟。忘年則死生爲一條，忘義則可不可爲一貫。振，收也。竟，盡也。收於無盡之地，夫寧有窮時乎？直寄之而已，故寓諸無竟。

罔兩影外薄影也。問景音影。曰：「曩子行，今子止，曩子坐，今子起，何其無特操與？」曰：「吾有待而然者耶？吾所待又有待而然者耶？又有待，待造物也。吾待蛇蚹音附。蜩翼邪？言吾待形，果如蛇待蚹、蜩待翼邪？惡識其所以然？惡識其所以不然？昔者莊周夢爲蝴蝶，栩栩音許。然蝴蝶也，栩栩，輕喜貌。自喻適志與，喻，曉也。適志，快意也。不知周也。俄然覺，則蘧蘧然周也。蘧蘧，惶覺貌。不知周之夢爲蝴蝶與？蝴蝶之夢爲周與？周與蝴蝶則必有分矣，分，辨也。此之謂物化。物化，萬物變化之理。」

此寓諸無竟之譬，無竟則不但無聲，又且無影，總是無待意。

此又自前說夢處生來。

本句似結一結，却不說破，正要人就此參究。

内篇養生主第三

養生主，養其所以主吾生者也。

莊子之學，本於老子，篇末先把老子貶剥，便是爲貶剥堯、舜張本。

吾生也有涯，而知音智。也無涯，以有涯隨從也。無涯，殆已。豈不危殆哉！已而爲知者，殆而已矣。已殆而自以爲知者，亦終於殆而已。爲善無近名，爲惡無近刑，善必近名，惡必近刑，而曰不近刑名，則是善惡不可見，所謂未發時氣象也。緣督以爲經。言學士緣此督，治之以爲經常。可以保身，可以全生，可以養親，可以盡年。養親不虧體以辱親也，盡年謂全而生之，全而歸之也。

庖丁爲文惠君梁惠王。解牛，手之所觸，肩之所倚，足之所履，膝之所踦，音几曲也。砉音畫。然嚮然，奏刀騞音麥。然，奏，進刀也。砉然、

起句就着生字，便有頭腦。

以解牛事發明養生之學。

庖丁篇即詩中比體，養生意得之言外。

模寫庖人情狀，宛然畫笔。

有間無厚如此下字，何等工巧。

嚮然、騞然，皆是用刀之聲。莫不中去聲。音，合於桑林之舞，乃中經首之會。桑林、經首，皆樂名。文惠君曰：「譆。音熙。善哉。技蓋至此乎？」庖丁釋刀對曰：「臣之所好者，道也。進乎技矣，言其技自學道得之。始臣之解牛之時，所見無非牛者，三年之後，未嘗見全牛也。謂見牛可解處，全不用力也。方今之時，臣以神遇而不以目視，官知止而神欲行，官，耳目之官也。耳目不用，而其神自運。依乎天理，依乎自然之腠理。批大郤，音隙。導大窾，音款。大郤，骨肉交會處。大窾，空處。批，開也。導，引刀而入之也。因其固然，技經肯綮音啓。之未嘗，肯綮，骨肉相着處。未嘗，不用力也。而况大軱音孤，骨也。乎？良庖歲更刀，割也。以割而損。族衆也。庖月更刀，折也。以斫而折。今臣之刀十九年矣，所解數千牛矣，而刀刃若新發磨也。於硎。音刑，砥石也。彼節骨節。者有間，而刃刀者無厚，以無厚入有間，恢恢乎其於游刃必有餘地矣。是以十九年而刀刃若新發於硎。雖然，每至於族，族謂筋骨之地。吾見其難爲，怵然爲戒，戒，警懼也。視爲止，止，少停也。行爲遲，行，行刀也。動力甚微，微，輕也。謋音獲。然已解，謋，忽也。如土委地。如土之崩於地，喻其

到末輕結以「得養生焉」四字，便是操縱省力處。

以刖足事發明不善養生者。

以澤雉爲喻，見右師不善養生。

以秦失弔老聃事，發明生死之理。

摹寫弔者之狀，若現前事。

上既說秦失一段，適來以不却發明生死之理以結之。

多而且易也。提刀而立，爲之四顧，爲之躊音疇。躇音除。滿志，躊躇，從容也。滿志，自得也。善刀而藏之。」好收其刀。文惠君曰：「善哉。吾聞見庖丁之言，得養生焉。」

公文軒見右師而驚曰：「是何人也？惡乎介也？介，獨足也。右師乃刖足之人。天與？其人與？」曰：「天也，非人也。天之生是使獨也，言常人不刖，而右師獨刖，若天刑之者。人之貌可與也，言人之貌，皆有兩足也。以是知其天也，非人也。」澤雉十步一啄，百步一飲，不蘄音祈。畜乎樊中。神雖王，不善也。言畜之籠中，神雖王，日有驚擾，不喜也。

老聃死，秦失弔之，三號而出。弟子曰：「非夫子之友耶？」曰：「然。」「然則弔焉若此可乎？」曰：「然。始也吾以爲其人也，其人非常人也。而今非也。向吾入而弔焉，有老者哭之，如哭其子，少者哭之，如哭其母。彼其所以會感人也。之，必有不蘄言而言，不蘄哭而哭者。是遁天逃天理。倍情，背情實。忘其所受，忘天之所受，本無物者。古者謂之遁天之刑。謂得罪于天也。適來，夫子時也。適去，夫子順也。安時而處順，哀樂不能入也，古者謂是帝之縣音玄。解。」

末句許多含蓄。

有係爲縣，無係者縣解也。知天理自然，則天帝不能以死生係着我矣。**指窮於薪，火傳也，不知其盡也。**正言其所以繫解，指窮於薪，指少而薪多，不可指而數也。火傳也，不知其盡也。言火一傳，燒忽不知即盡矣。夫人而有察於薪盡火盡之理，養生之經豈不思過半也哉！

内篇人間世第四

前言養生，此言人間世，蓋謂有此身而處此世，豈能盡絶人事，但要人處得好耳。

顔回見仲尼，請行，曰：「奚之？」曰：「將之衛。」曰：「奚爲焉？」曰：「回聞衛君，蒯聵也。其年壯，其行獨，不恤衆議也。輕用其國，而不見其過，輕用民死，死者以國量平澤若蕉，蕉，草芥也。言舉國而輸死也，不可稱數，見知草芥也。民其無如矣。民無所依歸也。回嘗聞之夫子曰：治國去之，亂國就之。去之，即丘不與易之意。就之，救之也。醫門多疾。願以所聞思其則，則謂處置之方。庶幾其國有瘳乎？」仲尼曰：「譆。若殆往而刑耳。言汝殆幾於往而就戮耳。夫道不欲雜，雜則多，多則擾，擾則憂，憂而不救。憂自苦也，自苦則不能救人。古之至人，先存諸己而後存諸人，所存於己者未定，何暇至於暴人之所行？言

處世不外人己，通篇皆發此意。前三章言處人之道，後四章言自處之道。

先提刑字，后實以事。

正人以正己爲本，下文俱提于此。

看此老這般下語，何嘗與世情闊絶。

韓非説难，多從此化出。

末句應往而刑意。

不暇救正暴人之所行也。且若亦知夫德之所蕩而知音智。之所爲出乎哉？德蕩乎名，德之所流蕩者，矜名故也。知出乎爭，知之所横出者，爭善故也。名也者，相軋也。知也者，爭之器也。二者凶器，非所以盡行也。盡行，謂盡君子保身處世之行。且德厚信矼，音江。未達人氣，矼，慤實貌。達人氣，即察言觀色之意。名聞音問。不爭，未達人心，而强以仁義繩墨之言術與述同。暴人之前者，是以人惡有其美也，惡汝自誇其美。命之曰菑人。菑人者，人必反菑之，若殆爲人菑夫。且苟爲悦賢而惡不肖，苟衛君悦賢而惡不肖。惡用而求有以異？我何用而别有所求。若惟無詔，惟君不能悦賢，而汝無詔而往。王公必將乘人乘汝言語。而鬬其捷，捷勝也。而目將熒之，而色將平之，口將營之，容將形之，心且成之。而，汝也。熒，眩也。平，和柔也。營，救解也。形，恐惧也。成之用心，以承順也。總是鬥捷，不得恍然自失之意。是以火救火，以水救水，喻暴人得勝，其氣愈旺。名之曰益多，益增其惡也。順始無窮，順此惡無窮極。若殆以不信厚言，不信厚言，未信而深言也。必死於暴人之前矣。」

且昔者桀殺關龍逢，紂殺王子比干，是皆脩其身以下傴拊愛養引証徃而刑意。

雖然一轉，使自陳以觀作用之何如。

此以下回又自思其則。

也。人之民，以下拂其上者也，上人之民乃欲下而傴拊之，是下拂其上矣。故其君因其脩以擠之，是好名者也。昔者堯攻叢枝、胥、敖，禹攻有扈，音户。國爲虚厲，國丘墟，有厲兔。身爲刑戮，其用兵不止，其求實無已，是皆求名實者也，實利也，求名實，求名而自利。而獨不聞之乎？名實者，聖人之所不能勝音升。也，而況若乎？勝，化服也。

「雖然，若必有以也，言汝之徃，必有所以也。當以語去聲。我來。」顏回曰：「端而虚，勉而一，則可乎？」回言我外端肅而内謙虚，矜持其志氣，而純一其德性，則可乎？曰：「惡，惡並音烏。可。夫以陽爲充孔揚，言衛君亢陽之性，内張而外揚也。采色不定，喜怒無常也。常人之所不能違，不違，畏而服也。因案人之所感，案，抑也。言彼見人順己，將抑遏人也，感動己者。以求容與其心，容與，自快意。名之曰日漸之德不成，日漸，以漸而進小德也，言此等人，小德不成。而況大德乎。將執而不化，彼且因執其是而不回也。外合而内不訾，音紫。其庸詎可乎？」言即汝之端虚勉一，外求合於人而内無疵病，庸可化乎？曰：「然則我内直而外曲，成而上比。去聲，合也。内直者，與天爲徒，與天爲徒者，知天子之與己，皆天之所子，而獨以己言己此中分三截。

以上層層披剝，漸引到「虛」字。

師心字最玄。

之私言。蘄乎而人善之，蘄乎而人不善之邪？若然者，人謂之童子，人謂之無私，純一渾渾，若童子。是之謂與天爲徒。外曲者，與人之爲徒也。擎跽曲拳，跽音忌，擎跽，長跪也。人臣之禮也。人皆爲之，吾敢不爲耶？爲人之所爲者，人亦無疵焉，是之謂與人爲徒。成而上比者，與古爲徒。其言雖教，讁之實也。教，誨也。讁，譴也。古之有也，非吾有也。若然者，雖直直言之。而不爲病，是之謂與古爲徒。若是則可乎？」仲尼曰：「惡，惡可。太多政法而不諜，音疊，安也。言政法太多，而不安穩。雖固，亦無罪。言以此行之天理人情，兩無違逆，固亦無罪。雖然，止是耳矣，夫惡可以及化，不可化人。猶師心者也。」師心言猶容心，非無心也。

顔回曰：「吾無以進矣，敢問其方？」仲尼曰：「齋，吾將語去聲。若。有而爲之，其易邪？易之者，皞天不宜。」有而爲之爲齋也。易，變易也。易則無休，即化也。皞天，自然也。不宜，無所不宜也。言有能爲齋者，其易無休耶？易無休，則自然而無不宜矣。顔回曰：「回之家貧，惟不飲酒不茹葷音熏。者數月矣，若此，則可以爲齋乎？」曰：「是祭祀之齋，非心观夫子告回數語，更是千古理學之根，宗虛字露出。

申寫虛字。

入遊以下，教他處世之法。

有翼句，乃喻下有知句。

齋也。」回曰：「敢問心齋？」仲尼曰：「一若志，無聽之以耳，而聽之以心，無聽之以心，而聽之以氣。氣即先天太乙之氣，最微最茫，聽以氣者，息微而靈闢徹也。聽止於耳，即無耳聽也。心止於符，即無心聽也。氣也者，虛而待物者也。惟道集虛，虛者，心齋也。」

顏回曰：「回之未始得使，實自回也。未始得使，謂未得教而使齋實自回有我也。使之也，未始有回也，得使，謂教而使齋，未始有回無我也。可謂虛乎？」夫子曰：「盡矣，吾語若。若能入遊其樊而無感其名，汝能入遊世之樊籠，而無感動于虛名。入則鳴，可言則言。不入則止，不可言則不言。無門無毒，不開一門，不發一藥。一宅而寓於不得已則幾矣。抱一爲主而寓於無心，則幾于道矣。絶迹易，人之處世，不行而無迹易。無行地難。行而無行地之迹爲難。爲人使易以僞，爲人欲所使，則有所容僞。爲天使難以僞。無心以聽造物之所使，則無所容僞。聞以有翼飛者矣，未聞以無翼飛者也。聞以有知知者矣，未聞以無知知者也。總言未聞有無心而應者。瞻彼闋者，闋者，缺室之隙處。虛室生白，白，光明也。吉祥止止。止止，萃于虛也。夫且不止，不止，心不虛也。是之謂坐馳。夫狗耳目內通而外於心知，不曰生明，而曰生白，下一「白」字便奇特。

咏嘆「虚」字。

此以葉公使齊事立論。

觀此一段，曲盡物情，孰謂南華略於世故？

飲冰内熱語，最奇。

音智。鬼神將來舍，來舍，即與之合也。而况人乎？是萬物之化也，是萬物所由以化也。禹、舜之所紐也，禹、舜執此以爲樞紐。伏羲、几蘧之所行終，几蘧，古聖君名。伏羲、几蘧，行此以終其身。而况散去聲。焉者乎？」散焉者，謂尋常以下人也。

葉公子高葉公名諸梁，字子高。將使於齊，問於仲尼曰：「王使諸梁也甚重，齊之待使者，蓋將甚敬而不急。雖甚盡禮，而事之應緩。匹夫猶未可動也，而况諸侯乎？吾甚慄之。子指夫子。嘗語諸梁也曰：『凡事若小若大，寡不道以懽成。寡，鮮也。道，言也。鮮不言，以懽而成者。事若不成，則必有人道之患。人道之患，謂刑責也。事若成，則必有陰陽之患。陰陽之患，憂思致疾也。若成若不成，而後無患者，惟有德者能之。』吾食也執粗而不臧，爨音竄。無欲清之人，言我平日自奉甚尊，所食者皆粗而不善。爨下司火之人，亦必其簡薄，無若炙熱而欲清者，然却無憂無病。今吾朝受命而夕飲冰，我其内熱與。内熱飲冰，則憂思之故也。吾未至乎事之情吾雖未至，親見行事之實。而既有陰陽之患矣。事若不成，必有人道之患，是兩也。是兩病也。爲人臣者，不足以任之，子其有此段却是十分正當說話，其論人間世至有此語，豈得謂迂濶大言者？

此正教以爲使之道，曲盡人間情狀。

以語我來。」

仲尼曰：「天下有大戒二：戒法也。其一命也，其一義也。子之愛親，命也。出于天爲命。不可解於心。臣之事君，義也，事當爲爲義。無適而非君也，無所逃於天地之間。是之謂大戒。是以夫事其親者，不擇地地指遇之順逆。而安之，孝之至也。夫事其君者，不懌事而安之，忠之盛也。自事其心者，哀樂不易施乎前，以忠孝事其心者，雖憂樂施於前，而不易其心。知其不可奈何而安之若命，不可奈何，謂不容人爲也。安之若命，聽其自然也。德之至也。爲人臣子者，固有所不得已，所遇亦有不幸，而當其難。行事之情實也。而忘其身，何暇至於悦生而惡死？夫子指葉公。其行可矣。」行可，謂以是而行則可矣。

「丘请復以所聞：凡近交則必相靡以信，靡，順也。遠則必忠之以言。言必或傳之，夫傳两喜两怒之言，天下之難者也。夫两喜必多溢美之言，两怒必多溢惡之言。凡溢之類也妄，妄則其信之也莫，謂妄則起人之疑也。莫則傳言者殃。故法言曰：傳其常情，無傳其溢言，則幾乎全。」

既説了傳言，却又引喻世間此類之事，句句皆是世情。

看這一段曲盡世情，非莊子何以有此曲折。

「且以巧闘力者始乎陽，常卒乎陰，陽，喜也。陰，怒也。泰至過當也。則多奇巧，奇，異也。以禮飲酒者，始乎治，常卒乎亂，泰至則多奇樂。音洛。凡事亦然，始乎諒，信也。常卒乎鄙，其作始也簡，其將畢也必巨。言者風波也，言爲風波所由起。行者實喪也，猶言而行，則真實喪。夫風波易以動，實喪易以危。故忿設無由，忿言，造設無端。巧言偏辭。巧言，一偏之辭。獸死不擇音，譬之獸將死，則聲音混亂。氣息茀然，茀音拂，氣息暴怒也。於是並生心厲。夫忿氣既起，則心多狠戾。剋核太至，則必有不肖之心應之，剋核太甚，人有不堪，則必以相戕戮之心應至。而不知其然也。此皆爲忿怒所使，而不自知也。苟爲不知其然也，孰知其所終。故法言曰：無遷令，無遷移命令。無勸成，無强以圖成。過度益也，遷令勸成殆事。若心過常度以求益也，則必至遷令勸成，而其謀事必危殆。美成在久，美之成極難。惡成不及改，惡之成甚易。可不慎與。且夫乘物以遊心，乘物之成，以游心於自然。託不得已以養中，托義命之不得已者，隨分自盡，以養吾心之中。至矣。何作爲报也。何必有作爲，而後歸報也。莫若爲致命，莫若真實，致其君之命。此其難者。」言此亦不易爲也。

以上言處人，貴不見有人，乃能以其身爲世用。

此處文最奇妙用，只一「順」字。

連發三喻，欲使量己量人，無伐才美，無犯怒心，然后無道之儲可傳也。

顏闔將傳衛靈公太子，而問於蘧伯玉曰：「有人於此，指太子。其德天殺。猶言天奪其監也。與之爲無方方，法度也。則危吾國，與之爲有言則危吾身。其知音智。適足以知人之過，而不知其所以過。不知己之過。若然者，吾奈之何？」蘧伯玉曰：「善哉問乎。戒之愼之，正汝身哉。正身，乃帥人之本。形莫若就，心莫若和。就，將順也。和，調停也。言外爲恭敬將順之行，而内盡調和誘導之意，乃爲得之。雖然，之二者有患，就不欲入，入者，依阿洩涊，與之相入無間也。和不欲出。出者，揚己之能，彰人之過也。形就而入，且爲顛爲滅，爲崩爲蹶，心和而出，且爲聲爲名，爲妖爲孽。彼且爲嬰兒，亦與之爲嬰兒，彼且爲無町畦，亦與之爲無町畦，彼且爲無崖，亦與之爲無崖。達之，入於無疵。嬰兒，言無知識也。無町畦，言無準繩也。無崖，言無畔崖也。言彼放蕩不檢，我且許之，不拂其意，覺有可達，徐加點化，入於無疵而後已。蓋事無道之君，法當如是。汝不知夫螳螂乎？怒其臂以當車轍，不知其不勝任也，是其才之美者也。戒之愼之。積伐而美者以犯之。幾矣。積伐己之才美以犯人者，不幾於殆乎哉。汝不知夫養虎者乎？不敢以生物與之，爲其殺之之怒也。不敢以

「順」字點出。

「意有所至」二句，是看破人情處。

以下言自處貴不見有己，故能以無用爲大用。

全物與之，爲其決之之怒也。時其飢飽，達其怒心。虎之與人異類，而媚養己者，順也。故其殺者，逆也。夫愛馬者，以筐盛矢，以蜄音賓，灰泥之器。盛溺。適有蚊虻僕音朴。緣，而拊之謂僕僕然因而傳拊之。不時，搏拊不時。則缺銜毁首碎胸。馬將決銜勒，碎胸首絡轡之其而不顧。意有所至，而愛有所亡，怒意有所至，而前日之愛盡忘。可不慎邪。」

匠石之齊至乎曲轅，山名。見櫟音歷。社樹，社有櫟樹。其大蔽牛，絜之百圍，其高臨山十仞而後有枝，其可以爲舟者旁十數。枝可爲舟，則身可知矣。觀者如市，匠伯石之字也。不顧，遂行不輟。弟子厭觀之，厭观，飽观也。走及匠石，曰：「自吾執斧斤以隨夫子，未嘗見材如此其美也。先生不肯視，行不輟，何邪？」曰：「已矣，勿言之矣。散上聲。木也，散，棄也。以爲舟則沉，以爲棺槨則速腐，以爲器則速毁，以爲門户則液樠，音瞞，液樠，謂津液出而樠樠然也。以爲柱則蠹，是不材之木也。無所可用，故能若是之壽。」匠石歸，櫟社見音現。夢曰：「汝將惡乎比予哉？若將比予於文木有用之木。邪？夫柤音查。梨橘柚果蓏之屬，實熟則剥則辱，大枝折，小枝泄。此以其談夢處更飄活，此南華最得意文字。

此段與前段同，但就中又紬繹數句，便見活動。

能若其生者也。故不終其天年而中道夭，自掊擊於世俗者也。物莫不若是，物皆以有用見傷。且予求無所可用久矣，幾死，幾死，戲罵匠石之言，謗所爲半死漢也。乃今得之，言女乃今始知之耳。爲予大用。言予無用，乃全生之大用。使予也而有用，且得有此大也邪？且也若與予也皆物也，奈何哉其相物也。相物，謂以物相譏。而幾死之散人，又惡平聲。知散木？」匠石覺而診音軫，占夢也。其夢，弟子曰：「趣取無用，則爲社何邪？」言木之志趣取於無用，何必用之爲社耶？曰：「密，閉口也。若無言。彼亦直寄寄托於社。焉，以爲不知己者詬厲也，厲，責也。不爲社者，且幾有翦乎？亦豈有人翦之乎？且也彼其所保與衆異，而以義譽之，不亦遠乎？」蓋托社求全，是亦一義也。但櫟實不爲是耳。

南伯子綦遊乎商之丘，見大木焉，有異。異於衆木也。結駟千乘，隱將芘音庇。其所藾。音賴，蔭也。隱其下者，盡以籟庇之。子綦曰：「此何木也哉？此必有異材夫。」仰而視其細枝，則拳曲而不可以爲棟梁，俯而視其大根，則軸解輪軸解散。而不可以爲棺槨。咶音舐，以舌舐之也。其葉，則口爛而爲傷。嗅之，則使人狂酲音呈，醉貌。三日莊子好奇，專要添此等説話。

數句形容癈疾人如畫。

而不已。子綦曰：「此果不材之木也，以至於此其大也。嗟夫，神人以此不材。」古之神人所以全生，亦不材耳。宋有荆氏者，荆氏，地名。宜楸音秋。柏桑。此地所宜種之木。其拱把而上者，求狙猿之杙音弋，樁也。者斬之。三圍四圍，求高名之麗屋棟也。者斬之，七圍八圍，貴人富商之家求樿音善。傍爲棺用也。者斬之。故未終其天年而中道之夭於斧斤，此材之患也。故解之以牛之白顙者，與豚之亢鼻額折面，鼻高。者，與人有痔病者，不可以適祭也。河，此皆巫祝以知之矣，白顙、亢鼻、痔病，巫祝棄此三者必妙選騂角，然后用以祭河。此在巫祝，亦知其不材者全矣。所以爲不祥也，此乃神人之之所以以爲大祥也。夫全生者，天下所謂祥也，必不材然后全生。則巫祝所爲不祥，乃神人之大祥。

支離疏人名者，頤隱於齊，其身曲，故頤下而至于臍。肩高於頂，肩反出于頂上。會音檜。撮音拙，髻也。指天，推髻向天。五管在上，五臟之管，亦向于上。兩髀爲脅，兩髀齊于身而似脅。挫鍼音針。治繲，音介。挫鍼，縫衣也。治繲，浣衣也。足以餬口。鼓筴音策。播精，鼓筴，揚箕也。播精，簸米也。足以食音嗣。十人。上徵武士，則支離攘臂於其間，選不及己。上有大此見以無用爲大用。

秦漢以來立言者，襲南華語意不少，但如南華借經設喩，不蹈前轍，而愈出愈奇，后覓未有追踪者。

山木四句，皆炫美求用以招禍患者之譬也。

役，則支離以常疾不受功。上與病者粟，則受三鍾，與十束薪。夫音扶。支離其形者，猶足以養其身，終其天年，又況支離其德者乎。支離其德者，不自見，不自伐，藏其用於不用，泯其能於無能，故得免於世而自全也。

孔子適楚，楚狂接輿遊其門曰：「鳳兮鳳兮，何如德之衰也。來世不可待，往世不可追也。天下有道，聖人成焉。聖人可以成功。天下無道，聖人生焉。聖人全其生而已。方今之時，僅免刑焉。福輕乎羽，全生免刑，特一羽之福。莫之知載。受也。禍重於地，禍謂世亂及身之禍。莫之知避。已乎已乎，臨人以德，未能冥乎道也。殆乎殆乎，畫地而趨，未能滅其迹也。迷陽迷陽，無傷吾行。言自晦其明，無傷吾生全之行。吾行卻曲，無傷吾足。言退身曲全，無傷吾可行之足。山木自寇也，膏火自煎也，桂可食，故伐之。漆可用，故割之。人皆知有用之用，而莫知無用之用也。」數句形容廢疾人如畫。此見以無用爲大用。

内篇德充符第五

符，應也。有諸己則可以應諸外。充，足也。德足於己，則隨所應而應也。

魯有兀者王駘，音臺。從之遊者與仲尼相若，常季問於仲尼曰：「王駘，兀者也，從之遊者與夫子中分魯。其半從駘。立不教，坐不議，虛而往，實而歸，從之者虛而求見，即充然有得而歸。固有不言之教，無形而心成化也。者邪？是何人也？」仲尼曰：「夫子，聖人也。邱也直後而未往往而見也。耳。邱將以爲師，而況不若邱者乎？奚假但也。魯國，邱將引天下而與從之。」常季曰：「彼兀者也，而王音旺。先生，王過也，言過仲尼也。其與庸亦遠矣。若然者，其用心也，獨若之何？」仲尼曰：「死生亦大矣，而不得與之變，不爲之動也。雖天地覆墜，亦將不與之遺，遺謂墜落也。審乎無假，無所借也，以

此借夫子尊王駘之言，以明抱一定性之學。

「死生亦大矣」五字，乃《莊子》中一大條貫。

讀此一節，當別具隻眼。

流水止水，皆以喻心。

句雄字奇。

實理言。而不與物遷，命物之化而守其宗也。」命，宰也。宗，始也。常季曰：「何謂也？」仲尼曰：「自其異者視之，肝膽楚越也，自其同者視之，萬物皆一也。夫若然者，且不知耳目之所宜，而遊心乎德之和。物視其所一死生如一。而不見其所喪，視喪其足猶遺土也。」猶土自墜落也。常季曰：「彼爲己，以其知終身而未嘗忘知識。得其心，以其心存心而未能忘其心。得其常心。尤以異人。物何爲冣音最，尊也。之哉？」仲尼曰：「人菲鑑於流水，而鑑於止水，惟止能止衆止。能止其心者，則欲止者皆就其求止。受命於地，惟松柏獨也在，惟松柏獨挺秀於衆木。冬夏青青，受命於天，惟舜獨也正，惟舜獨正其性命。幸能正生，以正衆生。幸能正其生，以爲衆物所取正。夫保始之徵，不懼之實，勇士一人，雄入於九軍。保始即守宗也。夫保始之徵，如人養男，一以無懼爲主，而不動心，故以一士而雄九軍。將求名而能自要者而猶若是，而況官天地、府萬物、直寓六骸、象耳目、一知之所知而心未嘗死者乎？彼且擇日而登假，音格，登升而格至也。言彼且待時而□至道也。人則從是也人之從彼職也。彼且何肯以物爲事乎？」

申屠嘉，兀者也，而與鄭子産同師於伯昏無人。子産謂申屠嘉曰：「我先出則子止，子先出則我止。」蓋羞與兀者並行也。其明日，又與合堂同席而坐，子産謂申屠嘉曰：「我先出則子止，子先出則我止。今我將出，子可以止乎？其未邪？且子見執政子産自謂也。而不違，避也。子齊日也。執政乎？」申屠嘉曰：「先生指伯昏無人。之門固有執政焉如此哉，言此論德之處，非計位也。子而悦子之執政而後人者也。言其先己而後人也。聞之曰：『鑑明則塵垢不止，止則不明也。久與賢人處則無過。』今子之所取大者，先生也。學先生以廣大聞見。而猶出言若是，不亦過乎？」子産曰：「子既若是矣，若是謂其兀也。猶與堯爭善。與有德有位者爭善。計子之德，不足以自反邪？」言當計德以自反也。申屠嘉曰：「自狀其過，以不當亡者衆。狀，多狀也，飾也。人處兀，自飾其過而尤之，以爲足之不當亡者多。不狀其過，以不當存者寡。不自飾其過而安之，以爲足之不當存者少。知不可，奈何知其兀爲出於不可奈何。而安之若命？惟有德者能之。遊於羿音詣。之彀中，中央者，中去聲。地也。然而不中者，命也。人以其全足笑吾不全足者

申屠嘉忘執政之貴，且以兀自安，是亦忘物而知命者。

「堯」字下得甚奇。

此中大意，喻人處世動是危機，其得其喪，自有定命。彼笑者怒者，皆不知也。

形骸二字內外最好。

首王駘得道而至命者，次申屠嘉有德而知命者，此章無趾務學以補過者，南華論德充有三等如此。

衆矣，我拂音弗。然而怒，而適先生之所，則廢然而反。言見至人知命遺形，而自失其怒。不知先生之洗我以善邪？吾與夫子遊十九年矣，未嘗知吾兀者也。今子與我遊於形骸之內，而子索我於形骸之外，遊於形骸之內，謂以德相與也。索於形骸之外，謂不以德交而病其兀也。不亦過乎？」子產蹵然改容更貌曰：「子無乃稱。」稱謂善於稱述也。

魯有兀者叔山無趾，踵見仲尼。仲尼曰：「子不謹，前既犯患若是矣，雖今來，何及矣？」無趾曰：「吾惟不知務不曉事務。而輕用吾身，吾是以亡足。今吾來也，猶有尊足者存，自補行意。吾是以務全之也。夫天無不覆，地無不載，吾以夫子爲天地，安知夫子之猶若是也？」孔子曰：「丘則陋矣。夫子胡不入乎？請講以所聞。」無趾出，孔子曰：「弟子勉之。夫無趾，兀者也，猶務學以補前行之惡，而況全德之人乎？」無趾語老聃曰：「孔丘之於至人，其未邪？彼何賓賓恭貌。以學子爲？彼且蘄音祈。以諔音俶。詭幻怪之名聞，俶詭，滑稽，詭，譎也。不知至人之以是爲己桎梏邪？」至人以名爲己之累。老聃曰：「胡不使彼以死生爲一條，以可不可爲一貫者，解其上三言兀者，而繼以哀駘它，蓋以其全德之極，故以孔聖之言尊之。

看此等下字，筆端如何可及？

此段喻皆明不在形而本于德之意。

桎梏，其可乎？」無趾曰：「天刑罰也。之，安可解？」

魯哀公問於仲尼曰：「衛有惡人形醜者。焉，曰哀駘它。音臺陀。丈夫與之處者，思而不能去也。婦人見之，請於父母曰：『與爲人妻，寧爲夫子妾者，數十而未止也。未嘗有聞其唱者也，常和去聲。而已矣。無人君之位以濟乎人之死，無聚祿以望人之腹，望如月望之望，員足飽滿之義，二句言不待富貴聲勢，而自能利濟乎人也。又以惡駭天下，言可驚詫也。和而不唱，不見其能首事也。知不出乎四域，不見其有遠略也。且而雌雄合乎前，謂天下之人，雌雄勝負，皆來質成也。是必有異乎人者也。寡人召而觀之，果以惡駭天下。與寡人處，不至以月數，而寡人有意乎其爲人也。不至乎朞年，而寡人信之。國無宰，寡人傳國焉。悶然而後應，氾而若辭，二句狀其無意於人國也。寡人醜乎，自醜其不若也。卒授之國。無幾何也，去寡人而行，寡人卹焉若有亡也，若無與樂是國也，是何人者也？』」言彼何人，而能令人愛戀若是。仲尼曰：「丘也嘗使於楚矣，適見㹠音豚。子食音飼。於其死母者，少焉眴音瞬。若，皆棄之而走。不見己焉爾，不得類焉爾，所愛其母者，非愛其形也，愛使其形者也。㹠子乳於死母前，少焉皆棄之而走，以爲目之瞬不見己也。形之軀不類己也，是有其形者不足愛，而使其形者真可愛也。戰而死者，其人之葬也不以翣音殺。資，刖者之屨，無爲愛之。皆無其本矣。翣者，武士所造，葬必用之。資，送也。屨爲有足者設，刖則足不全，送以屨，何爲愛之哉？無其本者，謂翣屨以足武爲本故也。爲天子之諸御，不爪翦，不穿耳。取妻者止於外，不得復使。天子之御，不翦爪，不穿耳，以破毁其全體。新娶之人，不得使之服役，以胼胝其手足，不如是不足以乘至尊之眄眥，而結新婚之懽燕也。形全猶足以爲爾，彼形全者，尚足以動人。而況全德之人乎？今哀駘它未言而信，無功而親，使人授己國，惟恐其不受也，是必才全而德不形者也。」不形，不可見也。

哀公曰：「何謂才全？」仲尼曰：「死生、存亡、窮達、貧富、賢與不肖、毁譽、飢渴、寒暑，是事之變、命之行也。日夜相代乎前，而知不能規求也。乎其始者也。故不足滑和，不可入於靈府。靈府，心也。使之和豫通心不動，自然和悦流通。而不失於兑，兑，亦悦也。使日夜無郤，其道日新不已。而與物爲春，是接而生時於心者也。是隨感而應

前言死生亦大，而不得與之變，於此又以死生、存亡、窮達、貧富、毁譽、飢渴、寒暑等總言之，此是紬繹發越處。

諷咏此章，莊之尊孔也至矣。

人不忘兩句絶佳，即孟子一指不若人之喻。

之，不偏不滯者也。是之謂才全。」「何謂德不形？」曰：「平者，水停之盛也。水停則平。其可以爲法也，平則可爲法則。内保之而外不蕩也。德者，成和之脩也。謂全其性中之和。德不形者，物不能離也。」不能離，即一而不分、死生無變之意。哀公異日以告閔子曰：「始也吾以南面而君天下，執民之紀而憂其死，吾自以爲至通矣。至通，至道也。今吾聞至人之言，恐吾無其實，輕用吾身而亡吾國。吾與孔邱非君臣也，德友而已矣。」聞德不形之風，雖哀公猶欲遺形骸、忘貴賤也。

闉音因。跂音企。交離無脤音辰。闉跂，曲跂也。无脤，无臀也。説音稅。衛靈公，靈公説音悦。之，而視全人：其脰音豆。肩肩。脰，頸也。肩肩，細小貌。甕㼜音盎。大癭項瘤也。説齊桓公，桓公説之，而視全人：其脰肩肩。故德有所長，而形有所忘，人不忘其所忘，而忘其所不忘，所忘指形言，所不忘指德言。此謂誠忘。誠，真也。故聖人有所遊，心與天遊。而知去聲。爲孽，智慧爲災孽。約爲膠，禮文爲膠固。德爲接德爲外接。工爲商，技藝爲買名。聖人不謀，惡用知？不斵，惡用膠？無喪，惡用德？不貨，惡用商？貨，求售也。四者天鬻也，天鬻與天爵同。天鬻聖人心有天游，故知四者爲吾累。

此段承上無情之旨，託與惠子辨者作結。

收法斬截，此莊子筆之奇崛處。

也者，天食音似。也。既受食於天，又惡用人？有人之形，無人之情，有人之形，故群於人。無人之情，故是非不得於身。不得，無與也。眇乎小哉。指形言。所以屬於人也謷音敖。乎大哉，指無情言。獨成其天。

惠子謂莊子曰：「人故無情乎？」莊子曰：「然。」惠子曰：「人而無情，何以謂之人？」莊子曰：「道與之貌，天與之形，一尺之面，容貌不同者，道與之六尺之體，空竅無殊者，天與之皆非情之所有者。惡得不謂之人？」惠子曰：「既謂之人，惡得無情？」莊子曰：「是非吾所謂情也。吾所謂無情者，言人之不以好惡内傷其身，常因其自然而不益生也。」益，有餘也。生謂生理也。生理本自然，無有餘也，不益生，亦是因自然意。惠子曰：「不益生，何以有其身？」莊子曰：「道與之貌，天與之形，無以好惡内傷其身，今外乎子之神，勞乎子之精，倚樹而吟，行之倦也。據槁梧而瞑，坐之疲也。槁梧，几也。天選去聲。子之形，子以堅白鳴。」選，任也。天任子之形，本無不足，却不能因其自然而强以堅白同異之辨，嘵嘵然鳴於天下，何哉？

此篇八章，次弟相承，其意義只是盡性由人，合天入於而忘，即所遇順逆，何足介累。惟天惟命，師又何方乎？故曰大宗師。

而若然者，是莊子筆勢。

内篇大宗師第六

大宗師者，道也，猶言聖法天，天法道，道法自然也。

知天之所爲，知人之所爲者，至矣。知天之所爲者，天而生也。天而生者，自然也。知人之所爲者，以其知去聲。之所知，以養其知之所不知，所知，人也。所不知，天也。終其天年，而不中道夭者，是知之盛也。雖然，有患。夫知有所待而後當，去聲。其所待者特未定也。言待知而後了當，則天之所待於知者，又不可知而未定也。庸詎知吾所謂天之非人乎？所謂人之非天乎？且有真人而後有真知。

何謂真人？古之真人，不逆寡，順其不足。不雄成，不誇其成功。不謩音模。士。無心於謀事。若然者，過而弗悔，當去聲。而不自得也。過，失也。過而不悔，當而不自得，知得失之有命也。若然者，登高不慄，入水不濡，入火不熱，是知之能登假音格。於道也若此。登假於道，即深造乎此段是養生家奧學。南華憫人逐物，喪真神，衰氣耗，故直吐露此旨。

此即忘死生之説。

章中若然者三見，而安頓得法，便不見重疊。

此數語，只重在無心上。

道也。古之真人，其寢不夢，其覺無憂，其食不甘，其息深深。真人之息以踵，真人性定，故息常歸於其根。踵即根也，故云息以踵。衆人之息以喉。衆人神不養，則心躁，而氣與俱躁，其息淺，故云息以喉。屈服者，其嗌音益。言若哇。此息喉之喻。嗌，咽也。哇，吐也。息喉者，若屈服的人心無真見，其言只在喉舌間，支吾調弄，吞不下，吐不出，其狀如此。其耆與嗜同。欲深者，其天機淺。言衆人之息以喉，皆由嗜欲汩没既深，而天機淺也。

古之真人，不知説生，不知惡死，其出不訢，音欣。其入不距，出，出世也，即生也。入，返造化也，即死也。翛音肅。然而往，翛然而來而已矣。翛然，順聽意。不忘其所始，不求其所終。來，始生也。往，終死也。受而喜之，受形固喜之。忘而復之，復歸亦忘之。是之謂不以心捐音沿，離也。道，不以人助天，不以人力求天壽。是之謂真人。

若然者，其心志，其容寂，其顙頯，音仇，志，有主也。寂，静也。頯，大貌。凄然似秋，煖然似春，喜怒通四時，與物有宜。隨事合宜。而莫知其極。故聖人之用兵也，亡國而不失人心。澤施乎萬世，不爲愛人。故樂通物，非聖人也。樂物之得所，非忘樂之聖人也。有親，非仁也。

此段再舉古之真人，而極言其形容，以見爲自適其適。

知有親疏，非無心之至仁也。天時，非賢也。推測而知天時，非默契之賢人也。利害不通，非君子也。利害不視爲一，非全德之君子也。行名失己，非士也。狥名喪己，不足爲士也。亡身不真，非役人也。勞苦喪身，以失其真，是役於人者，非能役人也。若狐不偕、務光、伯夷、叔齊、箕子、胥餘、紀他、音陀。申徒狄，是役人之役，適人之適，而不自適其適者也。

古之真人其狀義而不朋，義，中立也。朋，倚也。若不足而不承，不足，自歉也。承，自卑也。與乎其觚而不堅也，與，容與也。觚，方正也。不堅，無圭角也。張乎其虛而不華也，張，舒暢也。虛，謙虛也。邴邴音丙，喜貌。乎其似喜乎，崔乎其不得已乎，崔，下人意。滀音蓄。乎進我色也，滀，充悦也。進我色，即睟於面也。與乎止我德也，止我德，得所止也。厲乎其似世乎，厲，寬廣意，似世，大同於世也。謷音敖。乎其未可制也，謷，浩蕩也。未可制，自得之意。連乎其似好去聲。閉也，連，綿密也。好，閉，莫得其間也。悗乎忘其言也，悗，恂恂貌。以刑爲體，刑爲治體，非我任。以禮爲翼，禮爲治輔，非我制。以知去聲。爲時，知非我用。以德爲循。德非我作。以刑爲體者，綽乎其殺也。雖殺之而無忤於我心。以禮爲翼者，所以行於世也。謂以禮而狥俗。以知爲時者，不得已於事也。不得已而應乎事。以德爲循者，言其與有足者至於丘也，循其自然，若有足者順行乎小山。而人真以爲勤行者也。而人之不知者，真以爲勤勞者也。

故其好之也一，一，自然也。其弗好之也一。弗好謂惡也。其一也一，一也，以同言。其不一也一，不一也，以異言。其一以好惡爲同者。與天爲徒，其不一以好惡爲異者。與人爲徒，天與人不相勝也，是之謂真人。

死生，命也。其有夜旦之常，天也。人之有所不得與，音預。皆物之情也。情實理也。彼特以天爲父，而身猶愛之，而況其卓乎？人特以有君爲愈乎己，而身猶死之，而況其真乎？人特以天爲父，而順父者多，順天者少。不知父也寄體之身，而猶愛之，而況其卓焉者乎？人特以天之所子爲愈乎己，而敬君者多，敬天者少。不知君也代天之身，而猶敬之，而況其真焉者乎？真即内篇所謂真君，卓則維皇上帝，超形氣以獨存者也。

泉涸，魚相處於陸，相呴音吁。以濕，相濡音儒。以沫，音末。不如相忘於江湖。與其譽堯而非桀也，不如兩忘而化其道。夫大塊載我以形，勞我以生，佚我以老，息我以死。故善吾生者，乃所以善吾

至此，方發所以不悅生惡死之故。

此數語，言人皆知君知父，而不知道之爲大宗師也。

喻人處世而有爲，不如兩忘而付之自然，此等議論，學人正當理會。

藏天下於天下，即遊心自然意。

末句直推到大宗師。

發揮道處，最痛快。

屬事比詞，何等奇特。

死也。

夫藏舟於壑，藏山於澤，謂之固矣。然而夜半有力者負之而走，石亦可移，舟亦可解。昧者不知也。睡者不覺也。藏大小有宜，猶有所遯。是藏之雖得宜，而猶有所失也。若夫藏天下於天下而不得所遯，是恒物之大情也。是天下之善藏，而得恒物之情實者也。特犯人之形，夫人一犯人之形。而猶喜之，若人之形者，萬化若人之形者，千變萬化。而未始有極也。其爲樂，可勝計耶？故聖人將遊於物之所不得遯而皆存，故聖人特遊心自然，而無得無喪。善夭善老，善始善終，人猶效法也。之，又況萬物之所係，而一化之所待乎？又況大宗師者，爲萬物之所係，一化之所待者乎？一化即萬化也，大宗師執此一者，以爲化樞，故曰一化。

夫道即大宗師。有情有信，情，實也。無爲無形，可傳而不可受，可得而不可見，自本自根，未有天地自古以固存，神鬼神帝，生天生地，在大極之先而不爲高，在六極之下而不爲深，先天地生而不爲久，長於上古而不爲老。豨音希。韋氏得之，以挈天地。挈，整齊也。伏戲音羲。得之，以襲氣母，襲取而有之也，氣母即元氣也。維斗得之，終三日、七日、九日，不必强分解，不過一節高一節耳。

古不忒。維斗，四維斗星。不忒，不易其度也。日月得之，終古不息。堪坏音胚。得之，以襲崑崙。堪坏，山神。馮夷得之，以游大川。馮夷，水神。肩吾得之，以處大山。肩吾，太山之神。黄帝得之，以游雲天。即今傳言鼎湖上升之事。顓頊得之，以處玄宫。玄宫者，人君恭默思道之宫。禺音愚。强得之，立乎比極。禺强，北方之神。西王母得之，坐乎少廣。西王母，瑶池仙長也。少廣，宫名。莫知其始，莫知其終。彭祖得之，上及有虞，下及五伯。傅説得之，以相武丁，奄有天下。乘東維，騎箕尾，東維，箕、尾，七宿星名。而比於列星。

南伯子葵問於女偊音禹曰：「子之年長矣，而色若孺子，何也。」曰：「吾聞道矣。」南伯子葵曰：「可得學邪？」曰：「惡，惡可？子非其人也。夫卜梁倚音錡。有聖人之才，而無聖人之道，我有聖人之道，而無聖人之才。吾欲以教之，庶幾其果爲聖人乎？不然，以聖人之道告聖人之才，亦易矣。吾猶守而告之，三日而後能外天下，謂忘富貴。已外天下矣，吾又守之七日，而後能外物。謂忘交接。已外物矣，吾又守之九日，而後能外生。已外生矣，而後能朝徹，此只闡明道可傳不可受，可得不可見之旨，而撰出許多名字，使人不可測。莊老之文，如此樣最奇。

描寫有生色。

謂澄徹如平旦。朝徹而後能見獨，謂自見而人不見。見獨而後能無古今，無古今而後能入於不死不生。殺生者不死，殺之而不爲死。生生者不生，生之而不爲生。其爲物無不將也，將謂送也。無不迎也，無不毁也，無不成也。其名爲攖寧，攖，拂亂也。寧，定也。雖拂亂而常寧定也。攖寧也者，攖而後成者也。」南伯子葵曰：「子獨惡乎聞之？」曰：「聞諸副墨之子，謂工文字者。副墨之子聞諸洛誦之孫，謂苞終而誦者。洛誦之孫聞之瞻明，謂見徹者。瞻明聞之聶許，謂以言自許者。聶許聞之需役，謂待時而行者。需役聞之於謳，於音禹。謳，謂味歌自得者。於謳聞之玄冥，謂有氣之始。玄冥聞之參寥，謂無名之始。參寥聞之疑始。」謂無始之始。

子祀、子輿、子犁、子來四人相與語曰：「孰能以無爲首，以生爲脊，以死爲尻，音韜，尾也。孰知死生存亡之一體者，吾與之友矣。」四人相視而笑，莫逆於心，遂相與爲友。俄而子輿有病，子祀往問之，曰：「偉哉。言造物如大乎。夫造物者，將以予爲此拘拘也。」曲僂音縷。發背，上有五管，瘡之發處。順隱於齊，肩高於頂，句贅指天，句贅，髻也。髻指於天。陰陽之氣有沴，音戾。其心閒音閑。而無事，跰䟫

「浸假」二字最奇。

此等凌駕立言，自是千古未有肺腸。

此段直發明所以當安當順的道理。

音駢仙，病不能行貌。而鑑於井，曰：「嗟乎。夫造物者，又將以予爲此拘拘也。」拘拘，指病體而言。

子祀曰：「女惡之乎？」惡，是惡死。曰：「亡，無同。予何惡？浸假而化，謂假使漸漸以我化爲他物。予之左臂以爲雞，予因以求時夜。浸假而化，予之右臂以爲彈，予因以求鴞炙。浸假而化，予之尻以爲輪，以神爲馬，予因而乘之，豈更駕哉？且夫得者時也，失者順也，安時而處順，哀樂不能入也。此古之所謂縣解。縣解，心無係着而自解也。縣而不能自解者，物有結之，且夫物不勝天久矣，吾又何惡焉？」

俄而子來有疾，喘喘然將死。其妻子環而泣之，犁往問之，曰：「叱避。無怛化。」叱妻子而避之，無以哭泣驚怛將死者之人也。倚其戶與之語曰：「偉哉造化。又將奚以汝爲？將化汝爲何物。將奚以汝適？又將化汝何所往。以汝爲鼠肝乎？以汝爲蟲臂乎？」子來曰：「父母於子，東西南北，惟命之從。陰陽於人，不翅啻同。於父母。彼近吾死而我不聽，我則悍矣，彼指陰陽也，人不能悍陰陽之命。彼近吾死而我鑄金之喻甚奇。

結束只下六字，文法何等脱化。

孰能六句，乃一章伏案，下文皆發明此意。

貪生怕死，萬劫縈纏，是悍之也。彼何罪焉？夫大塊載我以形，勞我以生，佚我以老，息我以死。故善吾生者，乃所以善我死也。今大冶鑄金，金踴躍曰：『我且必爲鏌鋣。』音莫耶，劍名。大冶必以爲不祥之金。今一犯人之形，而曰：『人耳人耳。』夫造化者必以爲不祥之人，今一以天地爲大鑪，以造化爲大冶，惡乎往而不可哉？」成然寐，蘧然覺。寐謂生也。覺謂死也。成然，安然也。蘧然，覺貌。

子桑户、孟子反、子琴張上與語曰：「孰能相與於無相與？無相與，無心也。相爲於無相爲？無相爲，無爲也。孰能登天遊霧，撓挑踴躍狀。無極，相忘以生，無所終窮？」三人相視而笑，莫逆於心，遂相與友。莫然有間，而子桑户死，未葬，孔子聞之，使子貢往待事助其喪事。焉。或編曲，或鼓琴，相和而歌，曰：「嗟來桑户乎，嗟來桑户乎。而已反其真，而我猶爲人猗。」猗，嘆辭。子貢趨而進曰：「敢問臨尸而歌，禮乎？」二人相視而笑曰：「是惡知禮意？」子貢反，以告孔子，曰：「彼何人者邪？脩行無有，謂無德行也。而外其形骸，臨尸而歌，顔色不變，無以命之。命，名也。彼何人者邪？」孔子附贅等喻，奇甚。

芒然三句，收拾上文。

大意重在相忘乎道。

末四句，亦慣世爲高之論。

曰：「彼遊方道法。之外者也，而丘遊方之內者也。外內不相及，而丘使女往弔之，丘則陋矣。彼方且與造物者爲人，爲友也。而遊乎天地之一氣。彼以生爲附贅縣音玄。疣，音尤。以死爲決𤴯音換。潰癰。夫若然者，又惡知死生先後之所在？假於異物，託於同體，忘其肝膽，遺其耳目，假於異物，便是員覺地水天風之論四大，合而爲身，故曰托於同體，雖肝膽耳目，亦不自知，即忘身之意。反覆始終，不知端倪。芒然彷徨乎塵垢之外，逍遥乎無爲之業，彼又惡能憒憒自昏意。然爲世俗之禮，以觀示也。衆人之耳目哉？」

子貢曰：「然則夫子何方之依？」曰：「丘，天之戮民也。即天刑之意，不得爲方外。雖然，吾與汝共之。」子貢曰：「敢問其方。」孔子曰：「魚相造乎水，造之爲言生也。人相造乎道。相造乎水者，穿池而養給。得水不拘多少。相造乎道者，無事而生定。隨分以爲生，無爲而自定。故曰：魚相忘乎江湖，人相忘乎道術。」子貢曰：「敢問畸音箕。人。」問何以獨異於人？曰：「畸人者，畸於人而侔於天。異方外之人，而實同乎天，即所謂與造物爲徒者。故曰天之小人，人之君子；人之君子，天且方四句，正不知之化意。

之小人也。」天以爲小人，人以爲君子，人以爲君子，乃天以爲小人也。

顔回問仲尼曰：「孟孫才，人名。其母死，哭泣無涕，中心不慼，居喪不哀。無是三者，以善喪蓋魯國，蓋，高出也。固有無其實而得其名者乎？回一常也。怪之。」仲尼曰：「夫孟孫氏盡之矣。盡謂盡死生之道。進於知矣，知謂知夫道。唯簡之而不得，夫已有所簡矣。簡，損也。夫大道本無所有，降而入於名相之中，則當芟煩就簡，返於太樸。而人之情有所不得已者，夫惟簡之而不得，則於不得之中，而行所謂簡者，今已有所簡矣。孟孫氏不知所以生，不知所以死，不知就先，不知就後。不知生，故不就先。不知死，故不就後。若化爲物，以待其所不知之化已乎？若將與萬物同化，安時處順，以待所不知之化已乎？所不知，指造化也。且方將化，惡知不化哉？方將不化，惡知已化哉？吾特與汝，其夢未始覺者耶？且彼有駭形而無損心，有旦宅而無情死。有駭形者，喪之容也。無損心者，不減性也。生猶旦也，宅猶寄也。生寄而死歸也。无情死，非實死也。孟孫氏特覺，人哭亦哭，是自其所以乃。特覺，獨覺也。孟孫氏有此見解，故雖人哭亦哭，而畢竟无涕，不戚不哀，是其所以欲簡之而不得，而已有所簡也，所以乃，猶言乃所以如此也。且夢魚夢鳥，只是前篇化蝶之意。

遥蕩六字，即前所謂撓挑无極，彷徨塵垢之外者。

黥劓字轉應。

也相與吾之耳矣，且汝所以怪之者，特我見耳。庸詎知吾所謂吾之乎？焉知吾之所見，當否何如乎？且汝夢爲鳥而厲乎天，夢爲魚而没於淵。不識今之言者，其覺者乎？其夢者乎？造適不及笑，獻笑不及排。造適者，適意之極也。不及笑者，不暇及於笑也。獻笑者，因物之可笑，適然而笑，初不暇於安排。安排而去化，乃入於寥天一。」去其安排人力之私，則化而入於天矣。寥天一，即天也，道也，自然也，大宗師也，造物也。

意而子見許由，許由曰：「堯何以資汝？」資，教也。意而子曰：「堯謂我：汝必躬服仁義而明言辨别也。是非。」許由曰：「而奚來爲軹？音只，語辭。夫堯既黥汝以仁義，而劓音藝。汝以是非矣，黥劓謂黥污也，謂汝已被他教壞了。汝將何以遊夫遥蕩恣睢轉徙之塗乎？」意而子曰：「雖然，吾願遊其藩。」籬也。許由曰：「不然，夫盲者無以與音預。乎眉目顔色之好，瞽者無以與乎青黄黼黻之觀。」意而子曰：「夫無莊美人。之失其美，據梁勇士。之失其力，黄帝之忘其知，音智。皆在鑪錘之間耳。鑪錘，猶云陶鑄也。庸詎知夫造物者之不息我黥而補我劓，使我乘成行其自然。以隨先生邪？」許由曰：「噫，未可四句正發明大宗師之道。

此一段借顏子以形容造道之妙。

此段只言窮達有命，撰出这般說話，真是奇絶。

知也。我爲汝言其大略。吾師乎，吾師乎。師，大宗師也。整音躋。萬物有時銷殺萬物，盡爲齏粉。而不爲義，澤及萬世而不爲仁，長於上古而不爲老，〔一〕覆載天地，刻彫衆形，而不爲巧，此所遊已。」吾之所遊者如此。

顏回曰：「回益矣。」仲尼曰：「何謂也？」曰：「回忘仁義矣。」曰：「可矣，猶未也。」他日復見，曰：「回益矣。」曰：「何謂也？」曰：「回忘禮樂矣。」曰：「可矣，猶未也。」他日復見，曰：「回益矣。」曰：「何謂也？」曰：「回坐忘矣。」仲尼蹵然曰：「何謂坐忘？」顏回曰：「墮支體，黜聰明，離形去知，音智。同於大通，此謂坐忘。」仲尼曰：「同則無好也，化則無常也，無常謂心無所住。而果其賢乎？邱也請從而後也。」而，汝也。

子輿與子桑友，而淋雨十日。子輿曰：「子桑殆病矣。」裹飯而往食音飼。之，至子桑之門，則若歌若哭，鼓琴，曰：「父邪母邪！

〔一〕「古」，原作「右」，據《續古逸叢書》宋本《南華真經》改。

天乎人乎！」有不任其聲而趣音促。舉其詩焉。言其歌不成頭緒也。子輿入，曰：「子之歌詩，何故若是？」曰：「吾思夫使我至此極者而弗得也，父母豈欲吾貧哉？天無私覆，地無私載，天地豈私貧我哉？求其爲之者而弗得也。然而至此極者，命也夫。」

老子曰「王乃天，天乃道，道法自然」，此應帝王第一義。

前曰出於非人，後曰入於非人，看他下字，何等精微。

内篇應帝王第七

此篇以應帝王名者，言帝王之治天下，其道合應如此也。

齧音臬。缺問於王倪，四問而四不知，齧缺因躍而大喜，悟其不言之意也。行以告蒲衣子。蒲衣子曰：「而乃今知之乎？有虞氏不及泰氏，右帝王號。有虞氏其猶藏懷也。仁以要結也。人，亦得人矣，而未始出於非人。泰氏其卧徐徐，其覺于于，徐徐，徐也。于于，自得之貌。一以己爲馬，一以己爲牛，從人呼馬呼牛，皆置不問。其知情信，情，實也。其德甚真，而未始入於非人。」

肩吾見狂接輿，狂接輿曰：「日中始人名。何以語汝？」曰：「告我：君人者以己出經式義度，經之式，義之度，皆所以正人也。人孰敢不聽而化諸？」狂接輿曰：「是欺德也。欺德謂其難德已遠也。其於治天下也，猶涉海鑿河而使蚉負山也。蚉音文。涉海必溺，鑿河難成，蚉負山其曰無名人，便見前後所稱，皆是創說，故後篇有寓言重言之說。

引物之以才美累身，發明王之治天下出於無心。

則不勝任。夫聖人之治也，治外乎？治外，化人以迹也。正而後行，確乎能其事而已矣。能其事，盡此自然之事也。且鳥高飛以避矰音增。弋之害，鼷音奚鼠深穴乎神丘之下，以避熏鑿之患，而曾二蟲之無知。」吉有迹必自累，其知不如二蟲也。

天根遊於殷陽，至蓼音了。水之上，適遭無名人而問焉，曰：「請問爲天下。」無名人曰：「去！汝鄙人也。何問之不豫也。言何不適然於心，而勞勞以治天下爲也。予方將與造物者爲人，厭遊人世，厭足。則又乘夫莽眇之鳥，指虛無之氣。以出六極之外，而遊無何有之鄉，以處壙埌之野，埌音浪，皆太虛無極之地。汝又何帠音藝，何帠，猶云何故。以治天下感予之心爲？」又復問，無名人曰：「汝遊心於淡，無擾亂也。以合氣於漠，無聲臭也。順物自然而無容私焉，而天下治矣。」

陽子居見老聃曰：「有人於此，嚮疾彊梁，謂敏捷剛健也。物徹疏明，學道不勌。音倦。如是者，可比明王乎？」老聃曰：「是於聖人也，胥易音亦。技係，胥技，皆庶人在官者。勞形怵心者也。且也虎豹之文來田，來人田獵。猿狙之便捷也。執斄音狸。之狗來藉，來人數語寫盡帝王氣象。

此承立於不測、遊於無有句，生來蓋凡人心有所主，故人得以名相測之。說出壺子一段，以見聖人之所以不測者，遊於無何有也。

束縛。如是者，可比明王乎？」陽子居蹵然曰：「敢問明王之治。」老聃曰：「明王之治，功蓋天下而似不自己，化貸施也。萬物而民弗恃，有莫舉名，所有人莫能名。使物自喜。物自得其樂。立乎不測，而遊於無有者也。」

鄭有神巫曰季咸，知人之死生、存亡、禍福、壽夭，期以歲月旬日若神。鄭人見之，皆棄之而走。畏其言之靈驗也。列子見之而心醉，服之也。歸以告壺子曰：「始吾以夫子之道爲至矣，則又有至焉者矣。」壺子曰：「吾與汝既盡也。其文，未既其實，而固得道與？衆雌而無雄，而又奚卵焉？雌，陰也。雄，陽也。无雄奚卵者，言不得雄施，安能成卵？總是喻其未得乎道也。而以道與世亢，必信夫。言汝未得道，乃欲以道自高一世，令人之必信夫。故人得而相汝，嘗試與來，以予示之。」明日，列子與之見壺子，出而謂列子曰：「嘻！子之先生死矣，弗活矣，不以旬數矣。吾見怪焉，見濕灰焉。」見壺子有濕灰之色，而遂以爲心死。濕灰者，灰已濕而欲滅也。列子入，泣涕沾襟，以告壺子。壺子曰：「鄉吾示之以地文，萌乎不震不正，震，動也。正，預期也。不正，猶孟子養氣遇我有瘳句，寫出行術人的話頭，最親切。

鯢桓之審一段，總攝上三段意。

章「勿正」也。是殆見吾杜德機也。地文者，地主靜，示以地文者，其生機固有萌而寂然不動。不正是季咸見吾杜閉之德機耳。嘗又與來。」明日又與之見壺子，出而謂列子曰：「幸矣，子之先生遇我也，有瘳矣。全然有生矣，吾見其杜權矣。」於杜閉之中而動機微露，故謂全然有生意。杜權，權即機也。列子入以告壺子，壺子曰：「鄉吾示之以天壤，名實不入，而機發於踵。所謂真人之息以踵是也。是殆見吾善者機也。天壤者，天主動，示以天壤者，外則名實，不能入其心內，則機發於至深，是季咸見吾善端微露之機耳。嘗又與來。」明日又與之見壺子，出而謂列子曰：「子之先生不齊，吾無得而相焉。試齊，且復相之。」列子入以告壺子，壺子曰：「吾鄉示以太冲莫勝，是殆見吾衡氣機也。太冲莫勝者，太和之氣無偏勝也。示以太冲莫勝，則半動半靜，氣得其平，是季咸見吾衡氣之機耳。鯢桓之審爲淵，止水之審爲淵，流水之審爲淵，淵有九名，此處三焉。鯢桓，鯢所盤桓也。審，當作瀋，米汁也。水成淵處，必有泡沫浮於水面，如米汁也。流水之審爲淵者，上面雖水流，下頭水卻停蓄也，鯢桓之處上水之處流水之處皆謂淵。淵有九名，此處三焉，猶未盡也。止水之淵，以況地文。杜德機，是全然不動。鯢桓之淵，以況天壤。吾者機雖淵，水不動，有鯢桓其中，便有靜中微動意。流水之淵，以況太沖莫勝，衡氣機，水上一半流，下一半上，流止各半，正得其平，故以爲太沖衡氣之喻。嘗又與來。」明日又與之見壺子，立未定，自失而走。壺子曰：「追之！」列子追之不及，反以報壺子，曰：「已滅矣，已失矣，吾弗及已。」壺子曰：「鄉吾示之未始出吾宗。宗，即大宗師也。吾與之虛而委蛇，音移。委蛇，順化自然也。不知其誰何，因以爲弟。音頹。靡，因以爲波流，頹靡、波流，摸捉不定貌。故逃也。」然後列子自以爲未始學而歸，三年不出，爲其妻爨，不知有妻也。食音嗣，下同。豕如食人，不知有己也。於事無與親。不如有人事也。彫琢復朴，去聰明，以歸於朴。塊然獨以其形立，塊然，無情無爲之貌。形立，如木偶人也。紛而封哉，紛，冗也。封，外閉也。紛而封哉，言紛紜之事豈得外閉其心哉。一以是終。終身以此爲常也。

無爲名尸，尸之爲言主也。無爲謀府，府之爲言聚也。無爲事任，無爲知音智。主，體盡無窮，而遊無朕，盡其所受乎天，而無見得，不自以爲得。亦虛而已。至人之用心若鏡，不將不逆，應而不藏，留也。故能勝制也。物而不傷。

虛字是骨子。

三年不出以下，正言學其虛處。

此因上段虛字，發揮首四句，戒不虛之習，以起下文。

若鏡字解虛字甚妙。

此段只説心至虚不可鑿，却妝出儵忽渾沌等話，何等奇幻。

南海之帝爲儵，音叔。北海之帝爲忽，中央之帝爲渾沌。儵與忽時相與遇于渾沌之地，渾沌待之甚善。儵與忽謀报渾沌之德，曰：「人皆有七竅以視聽食息，此獨無有。嘗試鑿之。」日鑿一竅，七日而渾沌死。渾沌，元氣也。

《南華》一經，肆言渾浩，湍激籟號，跌宕乎諸子之表，若不可以繩墨求。而内篇窮神極妙，隱然法度森嚴，與《易》《老》相上下。今考其命意立辭，始于《逍遥遊》終以《應帝王》者，學道之要，在反求諸己，無適非樂，然後外觀萬物，人己齊一，而養生之主得矣。養生所以善己，應世所以善物，皆在德以充之。德充則萬物符契標範内端，而大宗師之本立矣。由是内則爲聖爲神，外則應帝應王，道歛之一身，而不爲有餘。散之天下，而不爲不足也。帝王之功，雖曰聖人餘事，然躋世真淳，指民清静，神化極致，莫大於斯，故以終内篇之旨。

又文字最看歸結處，如上七篇，篇篇結得好，觀《逍遥遊》之無所可用，《齊物論》之夢覺，《養生主》之火傳，《人間世》無用之用，《德充符》之堅白鳴，《大宗師》之命也夫，末篇之儵、忽、渾沌，復結以七日而渾沌死，如此機軸，是精藝者所當知。

南華全經分章句解卷二

輪山鰲海陳榮選撰　七世孫廷信藩伯、廷尹達伯重梓

外篇駢拇第八

內篇七篇，莊子有題目之文也。其言性命道德，內聖外王備矣。外篇則摽取篇首兩字，而次第編之。蓋所以羽翌內篇，而盡其未盡之蘊者。

此文直敷衍體。

駢拇音母。枝指，出乎性哉，而侈於德。駢，連合也。拇，足大指也。枝，歧出也。指，手指也。侈於德，謂非人所同得者。附贅縣疣，音玄九。出乎形哉，而侈於性，贅，餘肉也。疣，瘻瘤也。侈於性，謂非本來之所有者。多方乎仁義，而用之者列於五藏哉，而非道德之正也。是故駢於足者，連無用之肉也，枝於手者，樹無用之指也。多方駢枝於五藏之情者，淫

連下四箇非乎，而文法錯落特甚。

二句收結。

「正正」字承上「至正」字引。

莊子所言仁義，與孟子不同，學者當自辨之。

僻於仁義之行，而多方於聰明之用也。是故駢於明者，亂五色，淫文章，青黃黼黻之煌煌，非乎？而離朱是已。多於聰者，亂五聲，淫六律，金石絲竹黃鍾大呂之聲，非乎？而師曠是已。枝於仁者，擢音濯。德塞性，擢拔也。塞如塞源之塞，言拔其德之卓者，而塞其性之流者。以收名聲，使天下簧鼓以奉不及之法，非乎？而曾、史曾参、史魚。是已。駢於辨者，纍瓦結繩，滑稽如纍瓦，佶曲如結繩。竄句遊心於堅白同異之間，而敝跬音屑。譽無用之言，敝跬即所謂敝髮腐齒之意，譽無用之言，以無用之言相推譽也。非乎？而楊、墨是已。故此皆多駢旁枝之道，非天下之至正也。

彼正正者，不失其性命之情，故合者不爲駢，無所謂合也。而枝者不爲跂，無所謂枝也。長者不爲有餘，短者不爲不足。無所謂長短也。是故鳧脛雖短，續之則憂，鶴脛雖長，斷之則悲。故性長非所斷，性短非所續，無所去憂也。謂當各適其適也。意！音噫。仁義其非人情乎？彼仁義何其多憂也？今之行仁義者，何其多憂也。多憂如畏天命、悲人窮之類。

此復以手足起喻。

「蒿目」字下得新巧。

此又生一意，言天下無庸以仁義繩策之。

常然數語，與合者不爲駢以下意同。

小惑二句，借上句以形下句。

且夫駢於拇者，決之則泣。枝於手者，齕音紇。之則啼，二者或有餘於數，或不足於數，其於憂一也。今世之仁人，蒿目而憂世之患，蒿目者，半閉其目，獨坐憂愁之意。不仁之人，決性命之情，而饕貴富，故意仁義其非人情乎？自三代以下者，天下何其囂囂也。囂囂，喧雜之意。

且夫待鉤繩規矩而正者，是削其性也。待繩約膠漆而固者，是侵賊也。其德也。屈折禮樂，呴俞即嫗撫之意。仁義，以慰天下之心者，此失其常然也。

天下有常然，即同然之道。常然者，曲者不以鉤，直者不以繩，圓者不以規，方者不以矩，附離不以膠漆，約束不以纆音墨。索，故天下誘然皆生而不知其所以生，同焉皆得而不知其所以得。故古今不二，不可虧也。則仁義又奚連連如膠漆纆索而遊乎道德之間爲哉？使天下惑矣。

夫小惑易方，四方也。大惑易性，何以知其然耶？自虞氏招仁義以撓天下也，天下莫不奔命於仁義，是非以仁義易其性與？故博塞請書二事之美惡不同，而羊之亡均，比喻最佳。

此段盤桓起伏，擊首應尾，熟讀可充筆氣。

嘗試論之：自三代以下者，天下莫不以物易其性矣，小人則以身殉利，士則以身殉名，大夫則以身殉家，聖人則以身殉天下，故此數子者，事業不同，名聲異號，其於傷性、以身爲殉一也。

臧與穀二人相與牧羊而俱亡其羊，問臧奚事，則挾筴音策。讀書，問穀奚事，則博塞以遊。塞亦博之類。二人事業不同，其於亡羊均也。伯夷死名於首陽之下，盜跖死利於東陵之上，二人者所死不同，其於殘生傷性均也。奚必伯夷之是而盜跖之非乎？天下盡殉也，彼其所殉，仁義也，則俗謂之君子，其所殉，貨財也，則俗謂之小人，其殉一也，則有君子焉，小人焉，若其殘生損性，則盜跖亦伯夷已。又惡取君子小人於其間哉？

且夫屬留也。其性心也。乎仁義者，雖通如曾、史，非吾所謂臧也。屬其性於五味，雖通如俞兒，俞兒，能別淄澠之水，蓋古之善知味者。非吾所謂臧也。屬其性乎五聲，雖通如師曠，非吾所謂聰也。屬其性乎五色，雖通如離朱，非吾所謂明也。吾所謂臧，非仁義之謂也，臧於其德而已矣。吾所謂臧者，非所謂仁義之謂也，任順也。

聞彼見彼，此一彼字，不是輕下，禪家所謂幻花人生幻果便是。

其性命之情而已矣。吾所謂聰者，非謂其聞彼也，自聞而已矣。吾所謂明者，非謂其見彼也，自見而已矣。夫不自見而見彼，不自得而得彼者，是得人之得，而不自得其得者也。適人之適，而不自適其適者也。夫適人之適，而不自適其適，雖盜跖與伯夷，是同爲淫僻也。不得本心而馳騖于外，皆爲淫辟。余愧乎道德，是以上不敢爲仁義之操，而下不敢爲淫僻之行也。

外篇馬蹄第九

馬蹄可以踐霜雪，毛可以禦風寒，齕音紇。草飲水，翹足而陸，此馬之真性也。雖有義臺路寢，王居也。無所用之。及至伯樂音洛。曰：「我善治馬。」燒之、剔之、刻之、雒之，雒音絡，燒、剔、刻，治馬蹄也。雒，籠絡也。連之以羈馽，音機，注絡首絆足是也。編之以皁棧，音皂，棧，槽櫪也。馬之死者十二三矣。饑之、渴之、馳之、驟之、整之、齊之，前有橛音厥。飾之患，馬銜曰橛，馬纓曰飾。而後有鞭筴之威，而馬之死者已過半矣。陶者曰：「我善治埴。」音植，陶器。圓者中規，方者中矩。匠人曰：「我善治木。」曲者中鉤，直者應繩。夫埴木之性，豈欲中規矩鉤繩哉？然且世世稱之，曰伯樂善治馬，而陶匠善治埴木，此亦治天下者之過也。

吾意善治天下者不然，彼民有常性，織而衣，耕而食，是謂同德。得于天者固然。一而不黨，純一而不偏黨。命曰天放，命曰守樂于自然之

此段言外物皆能爲身累之意。

此以伯樂治馬爲喻。

前言二三，后言過半，文字華密如美飾然。

此以陶匠治埴木爲喻。

數語總收上意，又起下意。

寫出至德之世，其景象若畫圖然。

此處言雖不經，其文亦奇。

四句總收上文。

復翻説馬。

中。故至德之世，其行填填，音田，滿足意。其視顛顛，直視貌。當是時也，山無蹊隧，路未通也。澤無舟梁，萬物群生連屬其鄉，禽獸成群，草木遂長，是故禽獸可係羈而遊，烏鵲之巢可攀援而闚。音規。夫至德之世，國與禽獸居，族與萬物並，惡乎知君子小人哉？同乎無知，其德不離。同乎無欲，是謂素樸。太素質朴。素樸，而民性得矣。

及至聖人，蹩躠爲仁，蹩躠音撇薛，勉强意。踶跂音弟岐，行立不安意。爲義，而天下始疑矣。澶音憚。漫汗漫也。爲樂，摘僻屈曲也。爲禮，而天下始分矣。故純樸不淺，孰爲犧樽？音希尊，刻木而爲者。白玉不毁，孰爲珪璋？道德不廢，安取仁義？性情不離，安用禮樂？五色不亂，孰爲文采？五聲不亂，孰應六律？夫殘樸以爲器，工匠之罪也。毁道德以爲仁義，聖人之過也。

夫馬陸居則食草飲水，喜則交頸相靡，怒則分背相踶，馬知音智。已此矣。夫加之以衡扼，車上之物，所以駕馬者。齊之以月題，頭上額鏡如月者也。而馬知介倪介，獨立也。倪，睥睨也。獨立而睥睨，生心以求脱也。

此一段又是把前頭許多説話翻做，數行中間，添得幾句，愈見奇特。

闉音因。扼鷙音至。曼，城曲曰闉，馬頸曰扼。曲其頸以拒人，不受覊勒也。鷙，悍鷙也。曼，奔突也。詭銜竊轡，詭銜者，詐受其銜。竊轡者，偷受其轡。故馬之知而能至，盜者盜言馬之抗敵人也。伯樂之罪也。夫赫胥氏之時，民居不知所爲，行不知所之，含哺而嘻，鼓腹而遊，民能已此矣。及至聖人屈折禮樂以匡天下之形，縣跂高揭也。仁義以慰天下之心，而民始踶跂不安也。好知，爭歸於利不可止也。此亦聖人之過也。

看此篇文法開闔處，令人讀之豁然。

漆園此論，所以誅千載奸雄之心，亦依稀乎麟經之旨者。

外篇胠篋第十

將爲去聲。胠音祛，開也。篋探囊發匱之盜，而爲守備，則必攝緘縢，繩結也。固扃鐍，音傾吉，鑰鎖也。此世俗之所謂知音智。也。然而巨盜至則負匱揭篋，擔囊而趨，惟恐緘縢扃鐍之不固也。然則向之所謂知者，今乃爲大盜積者也。故嘗試論之：世俗所謂知者，有不爲大盜積者乎？所謂聖者，有不爲大盜守者乎？何以知其然邪？昔者齊國，鄰邑相望，鷄狗之音相聞，罔罟之所布，耒耜之所刺，方二千餘里，闔四境之内，所以立宗廟社稷治邑屋州閭鄉曲者，曷嘗不法聖人哉？然而田成子一旦殺齊君而盜其國，所盜者豈獨其國邪？并與其聖知之法而盜之。故田成子有乎盜賊之名，而身處堯、舜之安，小國不敢非，大國不敢誅，十二世有齊國，則是不乃竊齊國并與其聖知之法以守其盜賊之身乎？田成篡齊，以私量貸公量，便是以聖知之法濟盜賊之私者。

嘗試論之：世俗之所謂至知（去聲。）者，有不爲大盜積者乎？所謂至聖者，有不爲大盜守者乎？何以知其然邪？昔者龍逢斬，比干剖，萇弘胣，（音以，分裂也。）子胥靡，（爛也。）故四子之賢而身不免乎戮，故跖之徒問於跖曰：「盜亦有道乎？」跖曰：「何適而無有道耶？妄意室中之藏，聖也。入先，勇也。出後，義也。知可否，知也。分均，仁也。五者不備，而能成大盜者，天下未之有也。」由是觀之，善人不得聖人之道不立，跖不得聖人之道不行，天下之善人少，而不善人多，則聖人之利天下也少，而害天下也多。

故曰：脣竭則齒寒，魯酒薄而邯鄲圍，聖人生而大盜起。掊擊聖人，縱舍盜賊，而天下始治矣。夫川竭而谷虛，丘夷而淵實，聖人已死，則大盜不起，天下平而無故矣。聖人不死，大盜不止，雖重聖人而利天下，則是重利盜跖也。

爲之斗斛以量之，則并與斗斛而竊之。爲之權衡以稱之，則并與權衡而竊之。爲之符璽以信之，則并與符璽而竊之。爲之仁義以矯之，則并與仁義而竊之。何以知其然耶？彼竊鉤者誅，（小盜受

此處再舉前結語，以起下文。

盜者五德，此南華放論處。

楚伐魯，以酒薄也，而梁乃伐趙，以魯不得而慢也，此與脣齒川谷，丘淵數譬，皆以喻聖人之法，不爲盜設，而反爲盜資者。

形容聖人起盜處，深婉可玩。

此言盜之不可禁，皆聖人使然。

此段議論，亦憤世之詞。

承上文殫殘聖法之意，而備論之。

誅。竊國者爲諸侯，大盜得國。諸侯之門，而仁義存焉。立國亦以愛人利物爲事。則是非竊仁義聖知耶？

故逐於大盜，揭諸侯，竊仁義，并斗斛權衡符璽之利者，逐，言遂而去之也。揭，昭揭也，謂明彰其辭也。雖有軒冕之賞弗能勸，斧鉞之威弗能禁，此重利盜跖而使不可禁者，使不可禁，言不能禁其不爲也。是乃聖人之過也。故曰：「魚不可脱於淵，國之利器不可以示人。」彼聖人者，天下之利器也，非所以明示也。天下也。聖人之法，惟聖人用之則可，本不可以明示天下。一示天下，則人得而竊之，故曰國之利器云云。

故絶聖棄知，去聲。大盜乃止。擿音擲。玉毁珠，小盜不起。焚符破璽，而民朴鄙。掊斗折衡，而民不爭。殫音丹。殘天下之聖法，而民始可與論議。

擢亂六律，抽取六律之管而亂其長短。鑠音灼。絶竽瑟，鑠絶謂焚而棄之也。塞瞽曠之耳，而天下使人含其聰矣。滅文章，散五采，膠離朱之目，而天下始人含其明矣。毁絶鉤繩，而棄規矩，攦音列。工倕音垂。之指，攦，折其指也。工倕，堯時巧人。而天下始人有其巧矣。故曰末一句結得極有力。

言古者，以見今之不然。

此下又是上篇「山無蹊隧」中抽出來做話頭。

「大巧若拙」。削魯、史之行，鉗楊、墨之口，攘棄仁義，而天下之德始玄同矣。玄同，同于玄妙也。彼人含其明，則天下不鑠矣。不鑠者，不見可欲而心不亂也。人含其聰，則天下不累矣。不累者，不聽是非而心不動也。人含其知，則天下不惑矣。人含其德，則天下不僻矣。彼魯、史、楊、墨、師曠、工倕、離朱者，皆外立其德，役心於外。而以爚音藥，火光銷也。亂天下者也。法正法。之所無用也。

子獨不知至德之世乎？昔者容成氏、大庭氏、伯皇氏、中央氏、栗陸氏、驪畜氏、軒轅氏、赫胥氏、尊盧氏、祝融氏、伏戲音稀。氏、神農氏，當是時也，民結繩而用之，甘其食，美其服，樂其俗，安其居，鄰國相望，雞狗之音相聞，民至老死不相往來。若此之時，則至治已。今遂至使民延頸舉踵曰：「某所有賢者，」贏糧而趣音趨。之。」則內棄其親而外去其主之事，足跡接乎諸侯之境，車軌結乎千里之外，則是上好知之過也。上誠好知而無道，道謂自然之道。則天下大亂矣。

何以知其然耶？夫弓弩、畢綱也。弋、機變之知多，則鳥亂於上以下俱指好智之生亂。

《逍遥遊》曰「湯之問棘也是已」，起語也。此曰「三代以下是已」，結語也。起結雖異，同一機軸。

只粘「諄啍」字，結得閑。

矣。鉤餌、網罟、罾音曾。笱之知多，則魚亂於水矣。削格、木柵。羅落、罝罘音嗟浮，網屬。之知多，則獸亂於澤矣。知詐漸毒、相漸染而爲毒。頡滑謂難料理也。堅白、解垢隔，角也。又云：詭曲之詞。同異之變多，則俗惑於辯矣。故天下每每大亂，罪在於好知。

故天下皆知求其所不知，務外求異。而莫知求其所已知者。所已知，自然易見者。皆知非其所不善，見在人之不是。而莫知非其所已善者。所已善，則已之自以爲是者也。是以大亂。故上悖日月之明，下爍鑠同。山川之精，中墮四時之施，惴耎之蟲，耎音軟，惴耎，微息而動也。肖翹輕飛也。之物，莫不失其性。甚矣，夫好知之亂天下也，自三代以下者是已。舍夫種種愨實貌。之民，而悦夫役役務外作爲者。之佞，釋夫恬澹無爲，而悦夫啍啍之意，啍啍謂諄復也。已亂天下矣。

此段文氣滂沛，又是莊文疏利處。

盜跖、曾、史，是替換賢不肖子面。

外篇在宥第十一

聞在宥天下，在者，優遊自在之意。宥者，寬容自得之意。不聞治天下也。在之也者，恐天下之淫其性也。宥之也者，恐天下之遷其德也。天下不淫其性，不遷其德，有何用也。治天下者哉？昔堯之治天下也，使天下欣欣焉，人樂其性，是不恬也。恬，靜也。人性上不可添一樂字，人而樂其性焉，是不恬也。桀之治天下也，使天下瘁瘁焉，人苦其性，是不愉也。愉，樂也。人性上不可添一苦字，人而苦其性焉，是不愉也。夫不恬不愉，非德也，非德也，而可長久者，天下無之。

人大音泰。喜邪？毗於陽。毗，益也。有餘之病。大怒邪？毗於陰。陰陽并毗，四時不至。四時之氣不調。寒暑之和不成，順也。其反傷人之形乎？使人喜怒失位，居處無常，思慮不自得，中道不成章，去其中道，而無條理。於是乎天下始喬詰音矯結。卓鷙，音至。喬，好高。詰，强辨。卓，孤立。鷙，猛厲。而后有盜跖、曾、史之行。故舉天下以賞言性命之情爲賞罰之所亂。

此又言性命之情爲聰明、聖智、仁義、禮樂之所亂。

齋戒以下，甚言其惑。

其善者不足，舉天下以罰其惡者不給，故天下之大，不足以賞罰。自三代以下者，匈匈音凶。焉，終以賞罰爲事，彼何暇安其性命之情哉？

而且説音悦。明邪？是淫於色也。説聰耶？是淫於聲也。有聲有色，出於天性，加以聰聽明察，則爲淫亂。説二耶？是亂於德也。説義耶？是悖於理也。天德天理出于自然，有心以爲仁義，則爲悖爲亂。説禮耶？是相於技也。相，助也。技謂技兩也。説樂耶？是相于淫也。淫謂滋蔓長亂。説聖耶？是相於藝也。藝謂才能，蓋世有以多能爲聖者。説知耶？是相於疵也。疵謂疚病，知詐漸毒，則疵癘漸多。天下將安其性命之情，之八者，存可也，亡可也。天下將不安其性命之情，之八者，乃始臠卷上聲。傖音倉。囊臠卷，局束貌。傖囊，猶言搶攘。而亂天下也，而天下乃始尊之惜之，惜，信也。甚矣天下之惑也。豈直過也而去之邪？過，涉獵也，言豈但涉獵而即休耶。乃齋戒以言誇説。之，跪坐以進之，跪坐，致其恭敬也。進之即弟子受於師，臣子獻於君父，朋友之交，相勸勉是也。鼓歌以儛之，咏嘆鼓舞，極其愛慕也。吾若是何哉？

「不得已」三字，便有天下不與意。

「尸居」二句，理到而文亦奇。

此一段模寫人心，最爲奇妙，把孟子「出入無時，莫知其鄉」合觀便見。

故君子不得已而臨莅天下，莫若無爲。無爲也，而後安其性命之情。故貴以身於爲天下，則可以託天下；愛以身於爲天下，則可以寄天下。以其身之可貴，尤貴於爲天下，而后天下可以託之，愛亦然。故君子苟能無解其五藏，解，分解也。即支離之意。五藏，五性也。無擢過特也。其聰明，尸居而龍見，尸居，謂居如尸也。龍見，有文采外見也。淵默而雷聲，淵默，不言也。雷聲，感動人也。神動而天隨，心所欲而天理隨之。從容無爲而萬物炊音坎。累焉，累者，微塵聚也。炊者，動而上蒸之義。萬物炊累，言萬物同此天機，自作自息，若微塵之自動也。吾又何暇治天下哉？何暇，猶言何用。

崔瞿問於老聃曰：「不治天下，安臧人心？」者聃曰：「汝慎無攖攖亂。人心，人心排下而進上，排，抑之也。進，引進也。言人心一爲人所排，則悵然失志而下矣。少或進之，則希望過遠而上矣。上下囚殺，上下無常，日夜相煎，其係也如囚，其恐怖如殺。淖約柔乎剛强，淖約，儇美貌。柔，側媚也。言必將爲儇美之態，以側媚乎剛强之人。廉劌雕琢，凡一生廉隅方正之氣，雕琢殆盡。其熱焦火，其内熱，時如焦火。其寒凝冰，其凜凜，時如凝冰。其疾俛仰之此從「攖人心」句，有發到黄帝、堯、舜身上來。

相疑相非相欺相譏之事，即《齊物》篇中「彼亦一是非，此亦一是非」之意。

罪在攖人心句，總結上意。

間，而再撫四海之外。其迅疾，則一俛仰間，而再臨乎四海之外。其居不動。也淵而靜，其動也縣而天。縣音玄。懸隔如天，猶云天淵懸絶也。僨驕忿戾驕亢。而不可係制也。者，其惟人心乎。

昔者黄帝始以仁義攖人之心，堯、舜於是乎股無胈，音跋，無胈，不生肉也。脛無毛，以養天下之形，愁其五藏，苦其心志。以爲仁義，矜其血氣，以規法度，然猶有不勝也。言堯、舜爲仁義以攖人心，猶有不率者焉。堯於是放讙兜於崇山，投三苗於三峗，音危。流共工於幽都，此不勝天下也。此以刑戮威於天下也。夫施延也。及三王，而天下大駭矣，下有桀、跖，下焉者負不仁不義之名，而爲桀爲跖。上有曾、史，上焉者，得行仁義之名，而爲曾爲史。而儒、墨畢起，於是乎喜怒相疑，愚知相欺，善否相非，誕信相譏，而天下衰矣。大德不同，而性命爛漫矣，爛漫，焚裂之意。天下好知，而百姓求竭矣。求竭，謂殫盡思慮，應接不暇。

於是乎釿音斤。鋸制焉，繩墨殺焉，椎鑿決焉，天下脊脊大亂，罪在攖人心。故賢者伏處大山嵁音堪岩之下，而萬乘之君憂慄乎廟堂之上。今世殊死者相枕也，殊死，謂事有參差不齊，而皆同以死斷者。

上下兩「甚矣」字却不同，皆是奇筆處。

五欲取天地數語，便是致中和的事。

桁楊長械也。者相推也，刑戮者相望也，而儒、墨乃始離跂音岐。攘臂乎桎梏之間。噫，甚矣哉。其無愧而不知耻也甚矣。吾未知聖知去聲。之不爲桁楊接槢也，接槢音接習，枷中横木也。聖智爲桁楊中接槢，言桁楊因聖智而設也。仁義之不爲桎梏鑿枘音鋭。也，枘員鑿方，製桎梏必用枘鑿。焉知曾、史之不爲桀、跖嚆音蒿。矢也？桀、跖借曾、史之説以自文而爲害，是爲之嚆矢。嚆矢，今之響箭，行刼者之先聲也。故曰：「絶聖棄知，而天下大治。」

黄帝立爲天子十九年，令行天下。聞廣成子在於空同山名。之上，故往見之，曰：「我聞吾子達於至道，敢問至道之精？吾欲取天地之精，以佐五穀，以養民人。吾又欲官陰陽，官謂主宰而調燮之。以遂群生。爲之奈何？」廣成子曰：「而所欲問者，物之質本然。也。而所欲官者，物之殘也。造化有自然之理，有心以官之，則爲物之殘害矣。自而治天下，雲氣不待族聚也。而雨，草木不待黄而落，日月之光益以荒薄蝕也。矣，而佞人之心翦翦便捷貌。者，又奚足以語至道。」

分明寫出至道，隱括無遺。

前言乃可長生神也，後言形可長生形也，此用功次第處。

文法瀟洒頓挫。

我守句，又爲一証。

黃帝退，捐天下，築特室，席白茆，音茅。閒居三月，復往邀之。廣成子南首而臥，黃帝順下風膝行而進，再拜稽首，而問曰：「聞吾子達於至道，敢問治身奈何。而可以長久？」廣成子蹷然而起，曰：「善哉問乎！來，吾語女至道。至道之精，窈窈冥冥遠不可窮。至道之極，昏昏默默。微不可見。無視無聽，抱神以靜，形將自正。必靜必清，無勞女形，無搖女精，乃可以長生。目無所見，耳無所聞，心無所知，女神將守形，形乃長生。

「慎女內，握固其精神也。閉女外，關鍵其耳目也。多知爲敗，泯絶其思慮也。我爲女遂於大明之上矣，大明即太虛也。至彼至陽之原也，爲女入於窈冥之門矣，至彼至陰之原也。天地有官，陰陽有藏，此天地陰陽以人身，言官司其職也，藏居其所也。慎守女身，物將自壯。物，吾身所有之物也。我守其一以處其和，故我脩身千二百歲矣，而吾形未嘗衰。」

黃帝再拜稽首曰：「廣成子之謂天矣。」與天合一。廣成子曰：「來，余語女。彼其物指道言。無窮，而人皆以爲終。彼其物無測，而人皆以爲極。得吾道者，上爲皇而下爲王，三皇無爲，三王有爲。失皇王見光，爲士字下得絶巧。

此正答所以長生之意。

雲將、扶摇、鴻濛，總是寓言。

這一段粧撰問答，便是傳燈録上説話。

吾道者，上見光而下爲土。憒然無知，但上見日月，下見土壤。今夫百昌，皆生於上而反於土，故余將去女，入無窮之門，以遊無極之野。吾與日月参光，吾與天地爲常，當我緡音泯。乎？遠我昏乎？緡，昏，皆不知意，言物有當我而來者，我不知其來乎？有遠我而去者，我不知其去乎？人其盡死，而我獨存乎？」

雲將雲也。東遊，過扶摇之枝，扶摇，風也。而適遭鴻濛。氣也。鴻濛方將拊髀雀躍而遊，雲將見之，儻然止，贄然立，儻然，自失貌。贄然，拱立貌。曰：「叟何人耶？叟何爲此？」鴻濛拊髀雀躍不輟，對雲將曰：「遊。」雲將曰：「朕願有聞也。」鴻濛仰而視雲將曰：「吁。」雲將曰：「天氣不和，地氣鬱結，六氣不調，四時不節。今我願合六氣之精，以育群生，爲之奈何？」鴻濛拊髀雀躍掉頭曰：「吾弗知，吾弗知。」雲將不得問，又三年，東遊過有宋之野，而適遭鴻濛，雲將大喜，行趨而進曰：「天忘朕耶？天忘朕耶？」再拜稽首，願問於鴻濛。鴻濛曰：「浮游不知所來，猖狂不知所往，遊者鞅掌，以觀無妄。鞅掌，紛汩之貌。言物之遊於天地者，若是乎紛汩，然真機無妄，自有可觀不曰養心，而曰心養，當仔細分別。

者。朕又何知？」雲將曰：「朕也自以爲猖狂，而民隨予所往，朕也不得已於民，今則民之放上聲。也。願聞一言。」言我也聞猖狂之教，自以爲猖狂矣，其如民所隨往何？我也不得絶去乎民，而今爲民所則效也，願得一言而治之，可乎？鴻濛曰：「亂天之經，逆物之情，玄天弗成。玄天猶云於穆也，成即順成之意。解獸之群，而鳥皆夜鳴，鳥夜宿不鳴，日夜鳴，即夜驚也。災及草木，禍及昆蟲。噫，治人之過也。」

雲將曰：「然則吾奈何？」鴻濛曰：「噫。毒苦也。哉僊僊急急也。乎歸矣。」雲將曰：「吾遇天難，願聞一言。」鴻濛曰：「噫。心養汝徒處，無爲而物自化，墮爾形體，吐不留已。爾聰明，倫與物忘，淪汲而與物相忘。大同乎涬溟。大同乎未有氣之始。解心釋神，莫然無魂。定然而以其形立。萬物云云，衆多也。各復其根。本原也。各復其根而不知，渾渾沌沌，終身不離。不離道也。若彼知之，乃是離之。有知覺即離道。無問其名，無分別。無闚其情。無好惡。物固自生。」雲將曰：「天降朕以德，示朕以默，躬身求之，乃今也得。」再拜稽首，起辭而行。

世俗之人皆喜人之同乎己，而惡人之異於己也。同於己而欲之，異於己而不欲者，以出乎衆爲心也。言心欲出乎人之上。夫以出乎衆爲心者，曷嘗出乎衆哉？因衆以寧所聞，所聞必衆人歸向而後安。不如衆技衆矣。則在我不若衆人之技多矣。而欲爲人之國者，此攬謂攬取也。乎三王之利，而不見其患者也。此以人之國僥倖也，幾何僥倖而不喪人之國乎？其存人之國也，無萬分之一，而喪人之國也，一不成而萬有餘喪矣。悲夫，有土者之不知也。」

自此以下至末，乃莊子自鋪説一段。

其存人至喪矣，乃決言其無成必喪。

夫有土者，有大物也。有大物，即富有天下。有大物者，不可以物物而不物，故能物物。不物之物，道是也。物物，謂能主張綱維乎是物也。明夫物物者之非物也，豈獨治天下百姓而已哉？出入六合，遊乎九州，獨往獨來，是謂獨有。至無也而實至有，是謂獨有。獨有之人，是之謂至貴。

承上有土字，發下言獨有之人，不可與有大物者同日語。

大人之教，若形之於影，聲之與響，有問而應之，盡其所懷，爲天下配。盡其所懷，即無隱也。配與人相合，而得其宜也。處乎無響，寂以待感也。行乎無方，因人變化也。挈汝適攜天下而適道。復之撓撓，以遊無端，

此段又起一頭項上論。

句法屈曲爭奇。

承上覩有覩無之說，恐人分有無爲二，故特詳言有無道器原不相離，如此然皆相矯之詞耳。

復，來也。之，往也。言其往來自如，橈挑無極也。出入無旁，獨往獨來，無所依旁也。與日無始，悠久而不變也。頌論形軀，合乎大同。天眞常而不變者，道也，與道合眞，則形神爲之俱妙，故頌論其形軀，則與大道吻合而無間。大同而無己，大同，寧有我耶？無己，惡乎得有有？覩有者，無己，惡得有有乎？故以有爲有者，覩有者也。昔之君子。覩無者，天地之友。昔之明君聖輔，以仁義禮樂紀綱法度，皆自有生有，則會有變滅，故因革損益，與時推移。若覩天地萬物以無爲宗，則天地之友也，此非獨有者孰能與於此哉？

賤而不可不任者，物也。萬物雖賤莫非材散之器可不任乎。卑而不可不因者，民也。兆民雖卑，莫非我之一體，可不因乎？匿而不可不爲者，事也。事雖微匿，然皆分之，當爲者不爲，可乎？麤而不可不陳者，法也。法雖粗迹，然皆所以顯吾道者，不陳可乎？遠而不可不居者，義也。義之分別，視仁則遠矣，而亦不可不居。親而不可不廣者，仁也。仁主聯屬，視義則親矣，而亦不可不廣。節而不可不積者，禮也。禮主節制，節則止而不過，積則加厚無已，故禮雖節而不可以不積。中而不可不高者，德也。德則中矣，而不可以不高也。中謂中庸，中而高焉，則日進以崇德矣。一而不可不易者，道也。道則一矣，而不可以不易也。一謂不分，一而易焉，則變易以從道矣。神而不可不爲者，天也。天則神矣，而不可以不爲也。神謂莫測，神而爲焉，則盡人以合天矣。

此下正言聖人有爲中之無爲。

故聖人觀於天而不助，謂不助長也。成於德而不累，無心積累。出於道而不謀，無心變易。會於仁而不恃，會，同也。薄於義而不積，薄，迫近也。不積，不集義也。應於禮而不諱，諱者，拘忌也。接於事而不讓，無心規避。齊於法而不亂，無心更張。恃於民而不輕，不輕身以徇民。因於物而不去。不狥物以喪真。物者莫足爲也，而不可不爲。不明於天者，不純於德。不通於道者，無自而可。不明於道者，悲夫。

到此分明説破「道」字。

何謂道？有天道，有人道。無爲而尊者，天道也。有爲而累者，人道也。主者，天道也。臣者，人道也。天道之與人道也，相去遠矣，不可不察也。

外篇天地第十二

此言王者法天。

天地雖大，其化均也。皆是元氣。萬物雖多，其治一也。皆主以造化。人卒雖衆，其主君也。皆統之一王。君原於德，而成於天，君王萬民，非德無以出治，非天無以成德，故原於德而成於天。天者，自然而已。故曰玄古猶言邃古。之君，天下無爲也，天德而已矣。

四句最妙，語亦純粹。

以道觀言，而天下之君正。稱謂定，而人君之名正矣。以道觀分，而君臣之義明。上下位，而事使之義明矣。以道觀能，而天下官治。大小異識，而天下之官治矣。以道汎觀，而萬物之應備。物各有對，而天下之應備矣。故通於天地者，德也。德謂性命之正。行於萬物者，道也。道謂當然之理。上治人者，事也。能有所藝者，技也。技兼於事，事兼於義，義兼於德，德兼於道，道兼於天。兼者，合而一之之義。分而兩，則道器離矣。

結上意。

故曰：古之畜以善養也。天下者，無欲而天下足，無爲而萬物化，淵靜而有姓定。《記》曰：「通於一而萬事畢。」萬事不外一理。無以下用二夫子曰，述其師之言，以狀道體。

此段亦至當不易之論，而章法句法雄妙特甚。

藏金於山等句，總言內重而見外之輕。

又述師旨以狀道。

心得而鬼神服。無心，道之自然也。得道，通於神明。

夫子曰：「夫道覆載萬物者也，洋洋乎大哉，君子不可以不刳心焉。刳心，剔去其知竟也。無爲爲之之謂天，無爲言之之謂德，愛人利物之謂仁，不同同之異者亦同。之謂大，行不崖異之謂寬，有萬不同萬物皆備。之謂富，故執德之謂紀，大小各有條理。德成之謂立，循於道之謂備，不以物挫志之謂完。全也。君子明於此十者，則韜乎其事，心之大也。謂天下無遺理也。沛乎其爲，萬物逝也。」謂與萬物無窮也。

若然者，藏金於山，藏珠於淵，不利貨財，不近貴富，不樂壽，不哀天，不榮通，不醜窮，不拘一世之利，以爲己私分。不以王天下，爲己處顯。即所謂有天下而不與也。顯則明萬物一府，死生同狀。若夫所顯，則有之其明之謂乎？胷中明則聚萬物而歸之一理，死生雖大，亦視之若一矣。

夫子曰：「夫道淵乎其居也，漻音留。乎其清也，金石不得無以鳴，故金石有聲，不考即也。不鳴，萬物孰能定之？」金石之鳴，自然之天機也。人之考擊，亦天機也。即是而觀道，俱兩在鳴者是道，考者是道，孰能定之？以爲定在金石，不考何以不鳴。定在考者，他聲當同。金石定在虛空，考之何以無聲，直是未語最精妙。

結以六字，不結而結。

此段見道非聰明言語可求，只在無心得之。

能定得。

夫王德以德而王天下者。之人，素逝而恥通於事，以朴素往，而恥以善事爲名。立之本原，而知通於神，故其德廣。其心之出，應也。有物採感也。之。故形非道不生，生非德不明。非自得，則道不明。存形窮生，存我之形，以究生理。立德明道，立吾之德，以明至道。非王德者邪？蕩蕩乎忽然出，首出。勃然動，有爲。而萬物從之乎？此謂王德之人。

視乎冥冥，聽乎無聲。冥冥之中，獨見曉焉。無聲之中，獨聞和焉。故深之又深，而能物應物。焉。神之又神，而能精明也。焉。故其與萬物接也，至無而供其求，時騁而要其宿，要宿，有歸着也。大小、長短、脩遠。言大小長短遠近，無所不宜，即時中之意。

黄帝遊乎赤水之北，登乎崑崙之丘，而南望還音旋。歸，遺其玄珠，使知索之而不得，使離朱索之而不得，使喫詬索之而不得也。乃使象罔，象罔得之。黄帝曰：「異哉！象罔乃可以得之乎？」知，思惟也。離朱，見也。喫詬，言也。三者皆足敝真性，故愈求愈遠。象則非無，罔則非有，非有非無，不皦不昧，此玄珠之所以得也。知、明、言皆曰索，而象罔不言段段是撰出，愈出而愈奇，中間一箇彼且，七箇方且，古今那得這般文筆。

雖然轉言，亦有可尊處。

索，以其無待於索也。

堯之師曰許由，許由之師曰齧缺，齧缺之師曰王倪，王倪之師曰被音披。衣。堯問於許由曰：「齧缺可以配天乎？吾藉王倪以要之。」許由曰：「殆哉！圾音岌。乎天下。齧缺之爲人也，聰明叡知，給數捷，急也。數，音朔。以敏。其性過人，而又乃以人受天。脩人事，以應天理。彼審乎禁過而不知過之所由生。言缺審乎用知以禁過，而不知過之所由生，即在於用知也。與之配天乎？彼且乘人而無天，行有爲而不知無爲。方且本身而異形，肝膽楚越也。方且尊知而火馳，機謀急速也。方且爲緒使，役於事也。方且爲物絯，音逆，礙於物也。方且四顧而物應，顧視四方之物而應之。方且應衆宜，應事各度其宜。方且與物化而未始有恒。爲物所汩，而失自然之常。夫何足以配天乎？雖然，有族有祖，可以爲衆父，高一世。而不可以爲衆父父。天也。治亂之率將師。也，北面之禍也，南面之賊也。」言可以致治，亦可以生亂，爲君臣皆有患害，以其非自然也。

堯觀乎華，華封人曰：「嘻，聖人。請祝聖人，使聖人壽。」堯富壽多男子，人之所欲，學道者則以爲不足介意，莊子却如此翻説，越見他在處。

上言富壽多男子，下却倒説壽既在後，其辭又多，此亦文之機軸也。

曰：「辭。」「使聖人富。」堯曰：「辭。」「使聖人多男子。」堯曰：「辭。」封人曰：「壽、富、多男子，人之所欲也，女獨不欲，何耶？」堯曰：「多男子則多懼，富則多事，壽則多辱。是三者，非所以養德也，故辭。」封人曰：「始也我以女爲聖人耶，今然君子也。天生萬民，必授之職。各有職事。多男子而授之職，則何懼之有？富而使人分之，寄之天下。則何事之有？夫聖人鶉居無定所。而鷇音寇。食，不自求食。鳥行而無彰，迹也。鶉不擇居，鷇仰母哺，鳥行虚空，過而無迹，皆無心自然之意。天下有道則與物皆昌，各遂其生。天下無道則脩德就閒。千歲厭世，去而上僊乘彼白雲，至於帝鄉，三患少、壯、老。莫至，身常無殃，則何辱之有？」封人去之，堯隨之，曰：「請問。」封人曰：「退已。」辭而去。

堯治天下，伯成子高立爲諸侯，堯授舜，舜授禹，伯成子高辭爲諸侯而耕。禹往見之，則耕在野。禹趨就下風，立而問焉，曰：「昔堯治天下，吾子立爲諸侯。堯授舜，舜授予，而吾子辭爲諸侯而耕。敢問其故何也？」子高曰：「昔堯治天下，不賞而民勸，不留動二字，甚精微。動者陽也，留動者靜而陰也。此便有陽生陰成之意。

此章與《應帝王》篇揚子居見老聃問答相類，但結語有優劣耳。

罰而民畏，今子賞罰而民且不仁，德自此衰，刑自此立，後世之亂自此始矣。夫子闔行耶？無落吾事。」俋俋音抶。乎耕而不顧。此段又言世變愈下，一節不如一節。

泰初有無，所有者，只是無而已。無有無名，有且無之，安得有名？一即無字。之所起，有一而未形，物得以生，謂之德。物生則有其有而謂德。未形者有分，一所起之時若有分。且然無間，而又分不得。謂之命。天命。留常也。動而生物，物成生理謂之形。形體保神，有氣即有神。各有儀則而其儀則寓焉，所謂有物有則也。謂之性。性脩反德，修此性以復自然之德。德至同於初，無物之初。同乃虛，虛乃大。合喙鳴，喙鳴合，與天地爲合。喙鳴，鷇音也。合乎鳥鳴之無心，則有不言之言，言不言，合則與天地之自然者合。其合緡緡，若愚若昏，是謂玄德。玄妙之德。同乎大順，太初至順之世。

夫子問於老聃曰：「有人帝王。治道若相放，同條。可不可，以己之可，明彼不可。然不然，辯者有言辯者之言，雖紛紛多端。曰：離堅白，若懸寓。音宇，我能分辨之，若懸天宇之間。若是則可謂聖人乎？」老聃曰：「是胥易技係、勞形怵心者也。執狸一作執留，留音慮。之狗成思，爲人此段狀二人言貌，宛若目擊，且理淵詞峻，秦漢而下道不到此。

係而成憂思。猨狙之便，自山林來。爲人所捕而來。丘，予告若，而所不能聞，即性天道所不得聞者。與而所不能言，凡有首有趾，無心無耳者，衆有形者，與無形無狀而皆存者，盡無。有首有趾，具體而人也。無心無耳，無知無聞也。衆，多也。無形無狀，道也。此言踐形者之難也。其動止起居。也，其死生也，其廢起窮達。也，此又非其所以也。皆自然，而不知其所以爲也。有治在人，忘乎物，忘乎天，其名爲忘己。忘己之人，是之謂入於天。」因人事而治，則我無容心，忘乎物又忘乎物，所從出之天，則忘之至矣。此所謂忘己也。入於天者無我無人，渾然與天爲一也。

將閭葂芒免。見季徹曰：「魯君謂葂也曰：請受教。辭不獲命。既已告矣，未知中否？請嘗薦之。試陳也。吾謂魯君曰：「必服恭儉，拔出公忠之屬而無阿私，民孰敢不輯？」安也。季徹局局然笑曰：笑不出聲貌。「若夫子言，於帝王之德，猶螳螂之怒臂以當車軼，音徹。則必不勝任矣。且若是，則其自爲處自爲所處之地。危，其觀臺多物，將徃投迹者衆。」帝王之德貴無爲，而賤有爲，以若所爲，猶人之高其覌臺，多其景物以示於人，人皆悦之，徃而歸之者衆矣。此雖虞之習，非皞皞之風句練而奇。

此數句，形容得桔槔較好。

也。將閭葂覤覤音赫。然驚曰：「葂也汒，音芒，無知貌。若於夫子之所言矣。雖然，願先生之言其風也。」閭葂以民歸乃治之善者，反爲不勝任，故驚而問也。季徹曰：「大聖之治天下也，搖蕩猶雲轉移。民心，使之成教易俗，舉滅其賊心，去其有爲之私心。而皆進其獨志。進其獨得之志。吾性之自爲，而民不知其所由然。若然者，豈兄堯舜之教民，溟涬然弟之哉？欲同乎德，而心居矣。」兄弟二字即高下意，言豈以堯舜之教民爲高，而低頭下之哉？欲同乎自然之德，而心始安矣。

子貢南遊於楚，反於晉，過漢陰，見一丈人，方將爲圃畦，圃之有界限者。鑿隧爲水溝。而入井，抱甕而出灌，搰搰然用力甚多，而見功寡。搰搰，用力貌。子貢曰：「有械機械。於此，一日浸百畦，用力甚寡，而見功多。夫子不欲乎？」爲圃者仰而觀之曰：「柰何？」曰：「鑿木爲機，後重前輕，挈水若抽，拔也。數音朔。如泆音逸，沸也。湯。其名爲槔。」音羔。爲圃者忿然作色而笑曰：「吾聞之吾師，有機械者必有機事，有機事者必有機心。機心存於胸中，則純白純一虛明。不備。純白不備，則神生不定。不能抱靜主一。神生不定者，道

精語。

用字玄奇。

文字深遠特甚。

之所不載也。吾非不知，羞而不爲也。」子貢瞞音門。然慚俯而不能對，有間，去聲。爲圃者曰：「子奚爲者邪？」曰：「孔丘之徒也。」爲圃者曰：「子非夫博學以擬聖，於于自大貌。以蓋衆，蓋高出也。獨弦哀歌，喻人莫知而自誦說。以賣名聲於天下者乎？汝方將忘汝神氣，墮汝形骸，而庶幾乎而身之不能治，而何暇治天下乎？子往矣，無之落也。吾事。」

子貢卑陬愧恧貌。失色，頊頊音旭自失貌然不自得，行三十里而後愈。其弟子曰：「向之人何爲者邪？夫子何故見之變容失色，終日不自反邪？」不自反，言不能復其常也。曰：「始吾以爲天下一人耳，不知復有夫人也。吾聞之夫子，事求可功求成，用力少見功多者，聖人之道。今徒不然。今夫人之道不然。執守也。道者德全，德全者形全，形全者神全，神全者，聖人之道也。托生與民並行，而不知其所之，托其生於世，雖行與人同，而猖狂不知所往。汒乎淳備哉？茫乎純白之備哉。功利機巧，必忘夫人之心。若夫人者，非真志不之，非其心不爲，雖以天下譽之，得其所謂，謷然不顧，以天下非之，失其所謂，橫目字下得奇。

儻然不受。天下之非譽，無益損焉。是謂全德之人哉。我之謂風波之民。」風波言爲世所易而不自定也。

反於魯，以告孔子。孔子曰：「彼假大也。脩渾沌氏之術者也。渾沌氏，上古之君，純乎道德者也。識其一，不知其二。守其純一，而心不二雜。治其內，而不治其外。存本心而不役外物。夫明白入素，明白則可入于素。無爲復朴，無爲則復歸自然之朴。體性抱神，以遊世俗之間者，汝將固驚耶？賜，汝之學不及此，將固驚之耶？且渾沌氏之術，予與汝何足以識之哉？」

諄芒將東之大壑，即大海。適遇苑風於東海之濱，苑風曰：「子將奚之？」曰：「將之大壑。」曰：「奚爲焉？」曰：「夫大壑之爲物也，注焉而不滿，酌焉而不竭，吾將遊焉。」苑風曰：「天子無意於橫目之民乎？願聞聖治。」諄芒曰：「聖治乎官施，而不失其宜，官無曠職。拔舉而不失其能，野無佚賢。畢見其情事，而行其所爲，人各紓其情實，爲人無浮行。行言自爲，而天下化。所行所言，皆以自爲，無心爲人，而天下化。手撓顧指，舉其手，隨所顧而指之。四方之民莫不俱至，此之謂德人比之聖治，高一層矣。

此段言雖未正，譬喻有奇。

聖治。」

「願聞德人。」曰：「德人者，居無思，行無慮，不藏是非美惡，四海之内共利之之爲悦，共給之之爲安。怊音超。乎若嬰兒之失其母也，儻乎若行而失其道也。失其母，不知其所依。失其道，不知其所歸也。皆言其無意人世也。財用有餘而不知其所自來，飲食取足而不知其所從，此謂德人之容。」

「願聞神人。」曰：「上神乘光，與形藏滅亡，神升而上者，乘日月之光，有身似無身。此謂照曠。所照曠遠。致命盡情，致天之命，而盡性中之情。天地樂而萬事销亡，天地同樂而萬事無累。萬物復情，萬物復于實理。此之謂混冥。」混冥者，約其情，使復歸於性也。

門無鬼與赤張滿稽觀於武王之師，赤張滿稽曰：「不及有虞氏乎？征伐不及揖讓也。故離此患也。」門無鬼曰：「天下均治，而有虞氏治之耶？其亂而後治之與？」赤張滿稽曰：「天下均治之爲願，而何計以有虞氏爲？有虞氏之藥瘍音羊。也，禿而施髢，音第，婦人取以益髮者。病而求醫，有虞氏之藥瘍也，瘍醫者，癰疽之醫，治病於外者也。夫皇軒景象，自筆端寫出。

此段見人不可苟同，於君親尤不可苟同於世俗。

論俗情透徹。

髮禿而施髢，病篤而求醫，皆乱而求治者也。孰若無庸於治之爲愈哉。孝子操平聲。藥以脩進也。慈父，其色燋然。「一治之則有必矣，猶之孝子操藥以脩其慈父，其色燋然，用心非不善也，孰若子之無心，與親之無事之爲愈哉？聖人羞之。」羞之者，恐其心之將日勞，而事之將日煩也。

至德之世，不尚賢，不使能，上如標枯。枝，民如野鹿，標枝野鹿，皆無情無欲之喻。端正而不知以爲義，相愛而不知以爲仁，實而不知以爲忠，當而不知以爲信，蠢動而相使助也。不以爲賜。是故行而無迹，事而無傳。行無畔岸，故無迹。事無歆羡，故無傳。

孝子不諛其親，忠臣不諂其君，臣子之盛也。親之所言而然，所行而善，則世俗謂之不省子。君之所言而然，所行而善，則世俗謂之不肖臣。而未知此其必然邪？未知不諛諂者，爲人之宜然耶？世俗之所謂然而然之，所謂善而善之，則不謂之道音導。諛之人也。然則俗故嚴於親而尊於君邪？今世俗所謂然而然之，所謂善而善之，與臣子之諂諛何異？而反不以道諛之，人目之則俗之當同，顧嚴於親而尊於君耶？謂己道人，則勃然作色。謂己諛人，則怫然作色。而終身道人也，終身諛人議論發自憤悱，而又轉玄妙。

譬況明切。

連上十二惑字，不覺重疊，而愈見其妙。

也。人世俗謂己爲道諛之人，則勃然拂然作色，乃隨俗苟同，而終身道人，終身諛人也，何其無定見哉？

合譬飾辭聚衆也，是終始本末不相坐。合譬者，廣爲譬喻之辭，以使人易曉。飾辭者，致爲润色之詞，以使人易聽。此雖足以聚衆，而始終本末多不相掩。垂衣裳，設采色，動容貌，以媚一世，而不自謂道諛，與夫人之爲徒，通是非而不自謂。衆人愚之至也。知其愚者，非大愚也。知其惑者，非大惑也。大惑者終身不解，大愚者終身不靈。三人行而一人惑，所適者猶可致也，惑者少也。二人惑，則勞而不至，惑者勝也。而今也以天下惑，予雖有祈嚮，有所願往。不可得也，不亦悲乎？

大聲古樂也。不入於里耳，折楊皇華，俱里巷名曲，華，音花。則嗑然而笑。是故高言不止人也。於衆人之心，至言不出，俗言勝也。俗言勝，則至言隱矣。以二缶鍾惑，缶鍾當作垂踵，謂惑而不前，坐垂其足也。而所適不得矣。而今也以天下惑，予雖有所祈嚮，其庸可得邪？知其不可得也而强之，又一惑也。故莫若释之而不推，來也。不推，誰其比憂？不推則天下無人矣，誰其與我同憂哉？

以上面「天惑」二句，又如此譬喻，而不結斷，此皆是弄筆處。

詳言失性之端。

厲惡癩也。之人，夜半生其子，遽取火而視之，汲汲然惟恐其似己也。百年之木破而爲犧樽，青黃而文之，其斷在溝中，比犧樽於溝中之斷，則美惡有間矣。均一木也，一則爲犧樽而加文采，一則斷溝中而污泥塗，同質異遭，美惡固有間矣。其於失性，一也。跖與曾、史，行義有間矣，然其失性均也。且夫失性有五：一曰五色亂目，使目不明；二曰五聲亂耳，使耳不聰；三曰五臭薰鼻，困惾音宗。中去聲。顙，困惾，衝逆之聲。桑意中顙，言氣味上達於人之顙。四曰五味濁口，使口厲爽，濁，污也。厲爽，乖，失也。五曰趣舍滑心，使性飛揚。此五者，皆生之害也。而楊、墨二氏之學，正趣舍滑心者。乃始離跂自以爲得，非吾所謂得也。夫得者困，夫彼所謂得者，直以説自困耳。可以爲得乎？則鳩鴞之在於籠也，亦可以爲得矣。且夫趣舍聲色以柴其內，以其趣舍形于言語，梗礙其胸中。皮弁鷸冠搢笏紳脩以約其外，內支盈於柴柵，支塞充盈，如柴柵然。外重纆音墨。繳，音亦。以禮文自繩縛。睆睆音喚。然在纆繳之中而自以爲得，則是罪人交臂束手。歷口縛指。而虎豹在於囊檻，亦可以爲得矣。

此段主意却在静上。

虚静入字，總是静意。

外篇天道第十三

天道運而無所積，故萬物成。帝三皇。道運而無所積，故天下歸。聖五帝。道運而無所積，故海内服。明於天通，於聖六通四辟，音闢。於帝王之德者，六通四辟，猶言東西南北，上下無所障礙也。其自爲也，昧然無不静者矣。六通四辟，則明也。明以暗爲基，故其自爲也昧然，昧則歸于静矣。聖人之静也，非曰静也善，以静爲善。故静也。萬物無足以鐃音撓，義同。心者，故静也。水静則明燭鬚眉，平中去聲。准，大匠取法焉。水静猶明，而况精神。聖人之心静乎？天地之鑒也，萬物之鏡也。

夫虚静恬淡、寂寞無爲者，天地之平定理。而道德之至，至極。故帝王聖人休焉。休，心止于是也。休則虚，虚則實，實者倫矣。純實之中，自有倫理。虚則静，静則動，動則得矣。動無不當其宜。静則無爲，無爲也則任事者責矣。各任其事，而盡其責，是無爲而無不爲意。無爲則俞上句發了虛則實，下句又言虛則靜，便是動靜互根意。

詞理瑩暢。

此下説主靜之德。

既曰天和人和，又曰人樂天樂，鼓舞發越，其筆勢大抵如此。

一段自是議論不易。

俞，安樂也。俞俞者，憂患不能處，入也。年壽長矣。夫虛靜恬淡寂寞無爲者，萬物之本也，明此以南鄉，去聲。堯之爲君也。明此以北面，舜之爲臣也。以此處上，帝王天子之德也。以此處下，玄聖素王有德無位者。之道也。以此退居而間音閑。遊，江海山林之士服。以此進爲而撫世，則功大名顯而天下一也。

靜而聖，動而王，靜聖動王，即内聖外王也。無爲也而尊，樸素而天下莫能與之爭美。夫明白曉然也。於天地之德者，此之謂大本大宗，與天和者也。天和，與天爲徒者。所以均調天下，與人和者也。人和，與人爲徒者。與人和者，謂之人樂。與天和者，謂之天樂。莊子曰：「吾師乎！吾師乎！𩐈音齏。萬物而不爲戾，澤及萬世而不爲仁，長於上古而不爲壽，覆載天地，雕刻衆形而不爲巧，此之謂天樂。」

故曰：「知天樂者，其生也天行，行天理之自然。其死也物化。隨萬物而化。靜而與陰同德，動而與陽同波。故知天樂者，無天怨，無人非，無物累，無鬼責。」故曰：「其動也天，其靜也地。一心定而王天下，其鬼不祟音睟，鬼出而人曰祟。其魂不疲，一心定而萬物服。言以虛靜推於天地，通於萬物。以虛靜之理，行于天地萬物之間。此之謂天樂。天樂者，聖人之心，以畜天下也。」以畜天下，即以善養人也。

夫帝王之德，以天地爲宗，以道德爲主，以無爲爲常。無爲也，則用天下而有餘。有爲也，則爲天下用而不足。故古之人貴夫無爲也，上無爲也，下亦無爲也，是下與上同德，下與上同德則不臣。下有爲也，上亦有爲也，是上與下同道，上與下同道則不主。上必無爲而用天下，下必有爲爲天下用，此不易之道也。

以無爲爲君道，以有爲爲臣道，此君逸臣勞，理却的確。

故古之王天下者，智雖落籠絡。天地，不自慮也，辯雖彫萬物，不自說音悦。也，能雖窮海內，不自爲也。天不產而萬物化，地不長而萬物育，帝王無爲而天下功。成天下之功。故曰：「莫神於天，莫富於地，莫大於帝王。故曰『帝王之德朽天地，此乘天地、馳役使。萬物而用人群之道也』。」

此言古之帝王與天地同德。

本在於上，末在於下，要在於主，詳在於臣。三軍五兵之運，德之末也。賞罰利害，五刑之辟，教之末也。禮法度數，刑名比

又自「無爲有爲」上翻出「本末」二字。

此又自「先」字「從」字透下意來。

詳，此類詳悉。治之末也。鐘鼓之音，羽旄之容，樂之末也。哭泣哀經，降殺之服，哀之末也。此五末者，須精神之運，心術之動，然後從之者也。末學者，古人有之，而非所以先也。

君先而臣從，父先而子從，兄先而弟從，長先而少從，男先而女從，夫先而婦從。尊卑先後，天地之行也，天地自然之理也。故聖人取象焉。象，法也。天尊地卑，神明之位也。春夏先，秋冬後，四時之序也，萬物化作，萌區萌芽區別。有狀，盛衰之殺，殺謂各有次第也。變化之流也。夫天地至神，而有尊卑先後之序，而況人道乎？宗廟尚親，朝廷尚尊，鄉黨尚齒，行事尚賢，大道之序也。亦天下自然之理也。語道而非其序者，非其道也。語道而非其道者，安取道？

此段自言爲治之序，凡有九等。

是故古之明大道者，先明天而道德次之，道德已明，而仁義次之，仁義已明，而分守次之，分守已明，而形名即名称也。次之，形名已明，而因任因職而任。次之，因任已明，而原省不任事則免去。次之，原省已明，而是非旌别淑慝。次之，是非已明，而賞罰次之，賞罰已明，而愚知處宜，處宜當其任。貴賤履位，履位宜其位也。仁賢不肖襲情，引書一節，演上文餘意。

提舜告堯一段，以明君道之常然。

安其情寔。必分其能，必由其名。循名責實。以此事上，以此畜下，以此治物，以此脩身。知謀不用，必歸其天，此之謂太平治之至也。

故《書》曰：「有形有名。」形名者，古人有之而非所以先也。古之語大道者，五變而形名可舉，九變而賞罰可言也。驟而語形名，不知其本也。驟而語賞罰，不知其始也。倒道而言，迕逆也。道而說者，人之所治也。安能治人？驟而語形名賞罰，此有知治之具，非知治之道，可用於天下，不足以用天下。此之謂辨士，一曲之人也，禮法數度，形名比詳，古人有之，此下之所以事上，非上之所以畜下也。

昔者舜問於堯曰：「天王之用心何如？」堯曰：「吾不敖無告，不廢窮民。苦死者，苦，哀也。嘉喜也。孺子，而哀婦人，此吾所以用心也。」舜曰：「美則美矣，而未大也。」堯曰：「然則何如？」舜曰：「天德而出寧，本天德以出治，而萬物自寧。日月照而四時行，若晝夜之有經，雲行而雨施矣。」堯曰：「然則膠膠擾擾乎？子，天之合也。我，人之合也。」夫天地者，古之所大也，而黃帝、堯、舜之所共以叙事起。

此言仁義之性情。

文法根據。

美也，故古之王天下者奚爲哉？天地而已矣。

孔子西藏書於周室，孔子，魯人也。西往於周，欲藏其所著之書於周室。子路謀曰：「由聞周之徵藏周之藏名。史，史官。有老聃者，免而歸居夫子欲藏書，則試往因因，依也。焉。」孔子曰：「善。」往見老聃，而老聃不許，於是繙音煩。謂反覆言之。十二經以說音稅。老聃，中其說言未半而止之。曰：「大謾。汙漫也。願聞其要。」孔子曰：「要在仁義。」老聃曰：「請問仁義，人之性邪？」孔子曰：「然。君子不仁則不成，不義則不生，仁義，真人之性也。又將奚爲矣？」老聃曰：「請問何謂仁義？」孔子曰：「中心物愷，以物爲愷樂。兼愛無私，此仁義之情也。」老聃曰：「意幾危也。乎後言。淺近之言。夫兼愛，不亦迂乎？無私焉，乃私也。求無私，便是有心。夫子若欲使天下無失其牧養也。乎？則天地固有常矣，日月固有明矣，星辰固有別矣，禽獸固有群矣，樹本固有立矣。夫子亦放上聲。德而行，循道而趨，已至矣，又何偈偈音了。乎揭仁義？若繫鼓而求忘子焉。意！夫子亂人之性也。」

喻奇。

善形狀，善妝點，所以爲丹青妙筆。

士成綺見老子而問曰：「吾聞夫子聖人也，吾固不辭遠道而來願見，百舍重平聲。趼音繭，足眼厚皮也。而不敢息。今吾觀子，非聖人也。鼠壤有餘蔬而棄妹，妹與暗同，暗也。餘蔬棄于鼠壤暗地。不仁也。生熟不盡於前，而積斂無崖。」生物熟物，在前者用之不盡，而猶且積蓄不已。老子漠然不應。士成綺明日復見，曰：「昔者，吾有刺於子，今吾心正郤矣，正郤，心退然有覺也。何故也？」老子曰：「夫巧知神聖之人，吾自以爲脱焉。脱出其上。昔者子呼我牛也，而謂之牛，呼我馬也，而謂之馬。苟有其實，人與之名而不受，再受其殃。吾服也恒服，吾非以服有服。」服，行也。吾行也常行，吾非知以爲當行而行之也。

士成綺鴈行避影，履行遂漸也。進而問：「脩身若何？」老子曰：「而容崖異也。然，而目衝然，衝，突也。而顙頯音仇，顙中央廣而兩頭鋭也。然，而口闞然，口呿之狀。而狀義然，嚴毅之狀。似繫馬而止也。言止如繫馬，身受係而心常不定也。動而持，動則矜持而作狀也。發也機，發若機括，敏捷而巧中也。察而審。伺察而詳審也。知巧而覩於泰，自持其才能，而驕慢之氣可睹也。凡以爲不信。凡此十者，皆以爲不信之徵。邊竟音境。有人此段論至人之心。

到此又結形色聲名上。

焉，其名爲竊。」邊徼之外有此人焉，人必以竊目之矣。

夫子曰：「夫道於大不終，無窮極也。於小不遺，故萬物備。廣廣乎其無不容也，淵乎其不可測也。形德仁義，神之末也。非至人孰能定之？夫至人有世，有天下也。不亦大乎？而不足以爲之累。天下奮棅音柄。而不與之偕，奮而執天下之權，而心不與俱往。審信也。乎無假，僞也。而不與利遷。極物之眞，究極萬物真實之理。能守其本。能守其本然之靜。故外天地，遺萬物，而神未嘗有所困也。通同也。乎道，合乎德，退後也。仁義，賓禮樂性爲主，而禮樂爲賓。至人之心有所定矣。」

世之所貴道者，書也。書載道，故貴之。書不過語，語有貴也，貴在道。語之所貴者意也。意有所隨，意之所隨者，不可以言傳也。而世因貴言傳書，世雖貴之，我猶不足貴也。言與書皆不足貴。爲其貴非其貴也。世所貴，非所可貴。故視而可見者，形與色也。聽而可聞者，名與聲也。悲夫！世之人以形色名聲爲足以得彼之情，得道之情實。夫形色名聲，果不足以得彼之情，則知者不言，言者不知，知道此段申前段之意，喻道不可以言傳。

起語作結句，前疑後決，詞不易而意自不同。

者不言，言者不知道。而世豈識之哉？

桓公讀書於堂上，輪扁斲輪於堂下，釋椎鑿而上，問桓公曰：「敢問公之所讀者何言耶？」公曰：「聖人之言也。」曰：「聖人在乎？」公曰：「已死矣。」曰：「然則君之所讀者，古人之糟魄音粕。已夫。」桓公曰：「寡人讀書，輪人安得議之？有說則可，無說則死。」輪扁曰：「臣也以臣之事觀之，斲輪徐則甘滑也。而不固，疾則苦澁也。而不入，不徐不疾，得之於手而應於心，口不能言，有數存焉於其間。臣不能以喻臣之子，臣之子亦不能受之於臣，是以行年七十而老斲輪。古之人與其不可傳者死矣，然則君之所讀者，古人之糟魄已夫。」

外篇天運第十四

數行，句句精絕，五箇「孰」字，前無古人，後無來者。

天其運乎？地其處乎？日月其爭往來相推。於所乎？孰主張是？孰綱維是？孰居無事推而行是？意者其有機緘而不得已邪？意者其運轉而不能自止邪？雲者爲雨乎？雨者爲雲乎？孰隆施是？孰居無事淫樂而勸是？故意淫樂，而助成此雲雨。風起北方，一西一東，有上彷徨。有時而上，彷徨四周。孰噓吸是？孰居無事而披拂是？敢問何故。

答意只一「順」字，便見造化都不可測。

巫咸袑音超。曰：「來，吾語女。天有六極五常，六氣五行，皆自然之理。帝王順之則治，逆之則凶。九洛九州也。之事，治成德備，監照下土，天下載之，此謂上皇。」

言雖突兀，然亦有至理可想。

商太宰蕩問仁於莊子，莊子曰：「虎狼，仁也。」曰：「何謂也？」莊子曰：「父子相親，何謂不仁？」虎狼知父子。曰：「請問至仁。」莊子曰：「至仁無親。」相親而不知所以親。太宰曰：「蕩聞之，無親則不愛，不愛則不孝，謂至仁不孝可乎？」莊子曰：「不然，夫至閒閒小小，譬喻亦自奇特。

一節高一節，此老筆法，例如此。

皆以有迹不若無迹，有心不若無心。

此段把樂來妝撰一項説話，文奇而意玄。

仁尚矣，孝固不足以言之。至仁則過於孝，孝固不足以盡之也。此非過孝之言也，不及孝之言也。」若子所言，非過於孝者之言也，乃不及於孝者之言也。

夫南行者至於郢，北面而不見冥山，是何也？則去之遠也。故曰：以敬孝易，以愛孝難。敬孝猶有迹，愛孝則相忘。以愛孝易，而忘親難。忘親易，使親忘我難。使親忘我易，兼忘天下難。兼忘天下易，使天下兼忘我難。夫德遺蔑視。堯舜而不爲不自爲德。也，利澤施於萬世天下莫知也，豈直太息讚歎也。而言仁孝乎哉？夫孝悌仁義忠信貞廉，此皆自勉以役其德者也。八者，人謂美德，其寔相勸勉以自苦而已。不足多也。故曰：至貴，國爵并焉。并，屏去也。至貴何取國爵？至富，國財并焉。至富何取國財？至願，名譽并焉。至願在我，何取名譽？是以道不渝。不變也，即所謂常然也。

北門成問於黄帝曰：「帝張咸池之樂於洞庭之野，吾始聞之懼，復聞之怠，卒聞之而惑。蕩蕩神散。默默，口禁。乃不自得。」駭不自安。帝曰：「女殆其然哉？吾奏之以人，人事。徵之以天，天理。行之以禮義，建之以太清。太清者，聲氣之元也。夫至樂者，先應之以人此段形容高明之樂。

莊子善體物情，只此數句，形容殆盡。

事，順之以天理，行之以五德，貌、言、見、聽、思。應之以自然，然後調理四時，太和萬物。四時迭起，萬物循生，一盛一衰，文武倫經。既盛復衰，猶樂聲有文武次序。一清一濁，陰陽調和。流光其聲，如陰陽之調和，其聲流動光彩。蟄音執。蟲始作，吾驚之以雷霆。又如蟄虫將奮，而吾驚之以雷霆，發舒鼓舞，不能自已。其卒無尾，隨之不見其終。其始無首，迎之不見其首。一死一生，一僨止也。一起，所常無窮，以變化爲常，無有終窮。而一不可待。一即一死一生、一僨一起之一，不可待，言變不可執也。女故懼也，吾又奏之以陰陽之和，燭之以日月之明。其聲能短能長，能柔能剛，變化齊一，言同一安化。不主故常。言愈出愈新。在谷滿谷，在阬音坑。滿阬言充塞兩間。塗郤守神，以物爲量。塗郤謂塞兑也，郤與隙同。守神者，寧一心志，凝然而聽之，所以審音律之節奏，以物爲量，量之以管，以定鐘律之短長。其聲揮綽，其名高明。其聲揮綽悠揚，發越綽乎其寬也。名曰高明之樂。是故鬼神守其幽，謂鬼神安位也。日月星辰行其紀。謂三辰順軌也。吾止之於有窮，流之於無止。言其樂止之於無窮，似乎有止也，而流之於無止，又似乎無止焉。子欲慮之，而不能知也，望之而不能見也，逐之而不能此段論樂，全不用器。

到此又撰出一頌，便成節奏。

及也。儻然自失貌。立於四虛即太虛。之道，倚於槁梧几也。而吟：『目知去聲。窮乎所欲見，力屈乎所欲逐，吾既不及，已矣！』形充空虛，乃至委蛇。吾既不及已矣，言子既追我弗及已矣，則其心儻然自失，喪其耳，忘其目，廢其形骸，身如虛空，弛放而不收，故曰乃至委蛇。女委蛇，故怠。」

「吾又奏之以無怠之聲，無怠，不已也。調之以自然之命，故若混逐叢生，混逐如禽獸之類，叢生如草木之類，言樂之無相奪倫，如禽獸草木並生並育於天地之間，而不相害。林樂音洛。而無形，林然同樂，而形迹之相忘。布揮而不曳，布散揮動，而牽曳之自泯。幽昏而無聲。幽幽昏昏，又若無聲，而天籟之自鳴。動於無方，居於窈冥，或謂之死，或謂之生，或謂之實，或謂之榮。華也。行流散徙，不主常聲。世疑之，人皆疑之。稽於聖人。聖也者，達於情而遂於命也。達樂之情，而順于自然之命者也。天機不張，而五官皆備，順自然之命，則如人天機不動，而五官皆備。天機謂元神主宰。五官皆備，言五官之司各效其職。此之謂天樂，無言而心說。音悅。故有焱音飈。氏爲之頌曰：『聽之不聞其聲，視之不見其形，充滿天地，苞音包。裹六極。』女欲聽之而無接焉，汝欲聽之，耳目無從接也。故惑也。樂也者，始前言愚殆惑，未見其意，到歸結處，方説愚而可以載道，此一轉尤妙。

此段六喻，純無痕迹，而文字精奇，真造化手。

一喻其眩迷。

再喻其失時。

於懼，懼故祟。懼故樂之德尊。吾又次之以怠，怠故遁。怠故樂之德泯。卒之於惑，惑故愚，惑則樂之德愚。愚故道，道可載而與之俱也。」愚謂昏昏默默，不知其然，語樂而至於愚，則幾乎道矣，故可載而與之俱也。

孔子西遊於衛，顔淵問師金曰：「以夫子之行去聲。爲奚如？」師金曰：「惜乎而夫子其窮哉！」顔淵曰：「何也？」師金曰：「夫芻狗之未陳也，盛以篋衍，巾以文繡，尸祝齋戒以將之。及其已陳也，行者踐其首脊，蘇者取草者。取而爨之而已。將復取而盛以篋衍，巾以文繡，游居寢卧其下，彼不得夢，必且數音朔。眯音迷。焉。芻狗，結草爲狗，祭天解厭之物。祭則棄之，礼也。若復取而尊之，則惑矣。惑則生夢生眯，夢謂魂識顛倒，眯謂目睛虧避。今而夫子亦取先王已陳芻狗，取弟子游居寢卧其下，故伐樹於宋，削迹於衛，窮於商、周，是非其夢邪？圍於陳、蔡之間，七日不火食，死生相與鄰，是非其眯邪？」今而夫子取先王已陳之名物，群弟子而習之，卒以取困，兹非夢眯之一徵耶？

「夫水行莫如用舟，而陸行莫如用車。以舟之可行於水也，而求推之於陸，則没世不行尋常。古今非水陸與？周、魯非舟車三喻不知物之用。

四喻不知物之體。

五喻不知人。

六喻不自知。

此後四章，見孔子入道之漸。

即是道不可傳意。

與？今蘄音祈。行周於魯，是猶推舟於陸也。勞而無功，身必有殃。彼未知夫無方之傳，應物而不窮者也。且子獨不見夫桔槔音吉羔。者乎？引之則俯，舍之則仰。彼，人之所引，非引人也，隨人而無容心。故俯仰而不得罪於人。故夫三皇五帝之禮義法度，其猶柤音查。梨橘柚邪？其味相反而皆可於口，故禮義法度者，應時而變者也。今取猨狙而衣以周公之服，彼必齕音紇。齧挽裂，盡去而後慊。觀古今之異，猶猨狙之異乎周公也。故西施病心而矉其里，矉音顰，蹙額也。其里之醜人，見而美之，歸亦捧心而矉其里。其里之富人見之，堅閉門而不出，貧人見之，挈妻子而去之走。彼知美矉而不知矉之所以美，惜乎而夫子其窮哉！」

孔子行年五十有一而不聞道，乃南之沛見老聃，老聃曰：「子來乎？吾聞子，北方之賢者也，子亦得道乎？」孔子曰：「未得也。」老子曰：「子惡乎求之哉？」曰：「吾求之於度數，指禮樂。五年而未得。」老子曰：「子又惡乎求之哉？」曰：「吾求之於陰陽，指物理。十有二年而未得。」老子曰：「然，使道而可獻，則人莫不獻由中出四句，儘精微。

之於其君，使道而可進，則人莫不進之於其親，使道而可以告人，則人莫不告其兄弟，使道而可以與人，則人莫不與其子孫。然而不可者，無他也，中無主定見。而不止，外無正質正。而不行，由中出者不受於外，自悟入者也。聖人不出，聖人不出，多言以强聒，但待其自悟而后正之。由外入者無主於中，自口耳入者也。聖人不隱。聖人作止語默，無非教也，亦何有所隱哉？名，公器也，不可多取。三代而下，士皆好名，不知名公器也，不可取而專之。仁義，先王之蘧音渠。廬也，蘧廬，草舍也。言仁義譬之草舍然。止可一宿，而不可以久處。覯而多責，等閒窺覰，則必受人之詬責，喻如以仁義自見於天下，則天下之求我者全，責我者備矣。古之至人假道於仁，托宿於義，假道托宿，皆不久處之意也。以遊逍遥之墟，食於苟簡之田，立於不貸之圃，逍遥，無爲也。苟簡，易養養，足也。也。不貸，無出也。無出，不費力也。古者謂是采真之遊，采真，取實理也。以富爲是者，不能讓禄，以顯爲是者，不能讓名，親恃也。權者，不能與人柄，操之則慄，舍之則悲，是三者，操之則患失，舍之則迷忘。而一無所鑒，以闚其所不休者，是天之戮民也。鑒即殷鑒不遠之鑒，所不休者，謂不知足之人也。

此段亦有喻，而變換略無痕迹，令人讀之忘倦。

蓋貪夫狥財，烈士狥名，夸者死權，往迹之當鑒者，何可勝數？此不知鑒，非善保全之人也，故謂天之戮民。怨、恩、取、與、諫、教、生、殺，八者正所當用。之器也，惟循大變而無所湮音因，滯也。者，爲能用之。故曰：正者正也，正者，循之而不失其正也。其心以爲不然者，天門不開矣。」天門，天性也。

孔子見老聃而語仁義，老聃曰：「夫播糠眯目，則天地四方易位矣。蚊虻噆音匝，嚙也。膚則通昔不寐矣。昔夕同。夫仁義憯音慘，紛擾也。然，乃憒吾心，亂莫大焉。吾子使天下無失其朴，吾子亦放上聲，循也。風而動，總德而立矣。又奚傑然若負建鼓而求亡子者邪？夫鵠不日浴而白，烏不日黔而黑，黑白之朴，不足以爲辨，即黑白以喻是非，又言魚之呴濡，不如相忘於江湖，然則人之處世，亦無是無非，相忘于大道而已。名譽之觀，不足以爲廣。以名譽是非而示天下，則心便不廣大。泉涸，魚相與處於陸，相呴以濕，相濡以沫，音末。不若相忘於江湖。」

孔子見老聃，歸，三日不談，弟子問曰：「夫子見老聃，亦將何規哉？」規謂規而正之也。孔子曰：「吾乃今於是乎見龍，龍合而成體，散而成章，乘乎雲氣而養乎陰陽。養乎陰陽，謂以陰陽二氣自相吐納。

「聲」「應」二字相顧。

此言世變愈趨愈下，特借數聖人形容之。

予口張而不能嗋，協，同合也。予又何規老聃哉？」子貢曰：「然則人固有尸居而龍見，雷聲而淵默，發動如天地者乎？賜亦可得而觀乎？」遂以孔子聲見老聃，自稱言孔子門人而請見也。老聃方將倨堂而應，微曰：「予年運而往矣，老子謙言吾老矣，年馳而事去矣。子將何以戒教也。我乎？」子貢曰：「夫三皇五帝之治天下不同，其係聲名一也。而先生獨以爲非聖人，如何哉？」老聃曰：「小子少進。子何以謂不同？」對曰：「堯授舜，舜授禹，禹用力而湯用兵，文王順紂而不敢逆，武王逆紂而不肯順，故曰不同。」老聃曰：「小子少進，予語女三皇五帝之治天下。黃帝之治天下，使民心一，民有其親死，不哭而民不非也。哭不哭，皆無心。堯之治天下，使民心親，民有爲其親殺，其殺謂制喪服，以親爲隆殺。而民不非也。舜之治天下，使民心競，民孕婦十月生子，子生五月而能言，不至乎孩而始誰，則人始有天矣。上古人十四月而生，兩歲能言，至舜而不然，孕婦十月生子，子生五月而能言，未至于孩而辨誰何，此開竅太早，是故有天閼而不長者。禹之治天下，使民心變，變於古初。人有心私心。而兵有順，以用兵爲順事。殺盜非殺，殺人者死，而殺盜者無罪。人自爲種而天下耳。人自各分種類，而共居天下耳。是以天下大駭，儒、墨皆起，其作始有倫，而今乎婦女，以幼女即爲婦。何言哉？夫婦，人之大始，古人作始，自有倫序，三十而娶，二十而嫁，幼稚之女本不可責以人道，而今也不然，機警之心，偷薄之俗，不言可知。余語女三皇五帝之治天下，名曰治之，而亂莫甚焉。三皇之知，上悖日月之明，下睽山川之精，中墮四時之施，其知憯音慘。於蠇蠆音例蠻，即蜂類。之尾，鮮規之獸，鮮規，小獸也，如狐狸之類。莫得安其性命之情者，而猶自以爲聖人，不可恥乎？其無恥也。」子貢蹵然立不安。

孔子謂老聃曰：「丘治《詩》《書》《禮》《樂》《易》《春秋》六經，自以爲久矣，孰知其故矣，以奸音干。者七十二君，論先王之道，而明周、召之迹，一君無所鉤取也。用，甚矣夫人之難說也。説音稅。道之難明邪？」老子曰：「幸矣，子之不遇治世之君也。夫六經，先王之陳迹也，豈其所以迹哉？今子之所言猶迹也，夫迹，履之所出，而迹豈履哉？夫白鶂音鷁。之相視，眸子不運而風化。言以神相感而生子者。蟲雄鳴於上風，雌應於下風而風化。言以氣相感而生子者。

此言，以迹干人，宜乎不遇，不若感之以無迹。

類自爲雌雄，故風化。類猶云物類，言物類皆有雌雄而生，生言風化者，機動於此，神應於彼故也。性不可易，命不可變，時不可止，道不可壅，苟得於道，無自而不可。失焉者，無自而可。」孔子不出三月，復見曰：「丘得之矣。烏鵲孺，音孺，謂烏鵲交尾而生子也。魚傳沫，魚不交，但仰其所吐之沫而生子也。細要平聲。者化，細腰者，指蜂也。有弟而兄啼，母孕弟而兄不得乳，故啼也。久矣夫，丘不與化爲人。化，造化也。言不能與造化爲一也。不與化爲人，安能化人？」老子曰：「可，丘得之矣。」

此章排比體。

避世閒暇，脱出是非之外，故與爲亢非世者不同。

外篇刻意第十五

刻意尚行，離世異俗，高論怨誹，爲亢高亢。而已矣。此山谷之士，非世詆譏世事。之人，枯槁赴淵者之所好也。語仁義忠信，恭儉推讓，爲修脩絜。而已矣。此平世之士，教誨爲師以教誨。之人，遊居學者之所好也。語大功，立大名，禮君臣，正上下，爲治而已矣。此朝廷之士，尊主彊國之人，致功并兼者之所好也。就藪澤，處閒曠，釣魚閒處，無爲而已矣。此江海之士，避世之人，閒暇者之所好也。吹呴音吁。呼吸，吐故納新，熊經鳥伸，若熊經於木，若鳥伸於脚，此皆仙人運氣之法。爲壽而已矣。此道音導。引之士，養形之人，彭祖壽考者之所好也。若夫不刻意而高，無仁義而脩，無功名而成，無江海而閒，不道引而壽，無不忘也，無不有也，澹然無極，底止。而衆美從之，此天地之道，聖人之德也。

故曰：夫恬淡寂寞，虛無無爲，此天地之平，正理。而道德之質以下雖連用「故曰」字，只是一片文字耳。

數句甚有意味。

提起一箇「神」字。

本然。也。故曰：聖人休止其所止。休焉則平易矣，平易則恬惔矣，平易恬惔，則憂患不能入，邪氣不能襲，故其德全而神不虧。故曰：聖人之生也天行，順天理而行。其死也物化，蛻然無累。靜而與陰同德，動而與陽同波，不爲福先，不爲禍始，感而後應，迫而後動，不得已而後起，去知與故，成迹。循天之理，故無天災，無物累，無人非，無鬼責，其生若浮，其死若休，不思慮，不豫謀，光矣而不耀，信矣而不期，耀，光之露也。期，信之必也。其寢不夢，其覺無憂，其神純粹，其魂不罷，音皮。虛無恬惔，乃合天德。

故曰：悲樂者，德之邪。喜怒者，道之過。好惡者，德之失。故心不憂樂，德之至也。一而不變，靜之至也。無所於迕，虛之極也。不與物交，淡之至也。無所於逆，粹之至也。

故曰：形勞而不休，則弊。精用而不已，則勞，勞則竭。水之性不雜則清，莫動則平，鬱閉而不流，亦不能清，使其鬱閉而不流，則雖不雜，而亦不能清。天德之象也。故曰：純粹而不雜，靜一而不變，淡而無爲，動而以天行，此養神之道也。

到此設一譬，文以野語有之爲結，此他筆勢波瀾處。

結重眞人。

夫有干越之劍者，神而藏之，不敢用也，寶之至也。精神四達並流，無所不極，上際於天，下蟠於地，化育萬物，不可爲象，其名爲同帝。即同天。純素之道，惟神是守，守而勿失，與神爲一。一之精通，合於天倫。理也。野語有之曰：衆人重利，廉士重名，賢士尚志，聖人貴精。故素也者，謂其無所與雜也。純也者，謂其不虧其神也。能體純素，謂之眞人。

文字起語最難，如此喝起三句，方説古之治道者，是有法文字。

此即以善服人，不若以善養人之意。

外篇繕性第十六

繕性於俗學，以求復其初。繕，脩治也。初者，自然之性也。滑欲於俗思，以求致其明。滑，汩亂也。明者，虛明之理也。謂之蒙蔽之民。言俗學障性，俗思亂明，凡爲此者，謂之蔽蒙之民。古之治道者，以恬養知。恬，靜定也。定能生慧，故曰養知。生，而無以知爲也，謂之以知養恬。知生之初本無物，何以知爲？故能靜，謂之以知養恬。知與恬交相養，即恬之理，知在恬，即知之時恬在知，是知與恬交養。而和理出其性。夫德，和也，和即德也。道，理也，理即道也。德無不容，仁也。道無不理，義也。義明而物親，忠也。中心純實，而反乎情，樂也。信行容體而順乎文，信容體之所行，而順自然之節文。禮也。禮樂偏行，則天下亂矣。

彼正而蒙己德，彼，物也，物由己正，而不自炫其德。德則不冒，雖有德，而不求加諸人。冒則物必失其性也。若求加人，必自失其本然之性也。古之人在混芒之中，與一世而得澹漠焉。謂上下不相求也。當是時也，陰燧人以下，皆不以恬養知，而有以知爲者。

論世道交相喪，痛切。

陽和靜，鬼神不擾，四時得節，萬物不傷，群生不夭，人雖有知，無所用之，此之謂至一。當是時也，莫之爲而常自然。

逮德下衰，及燧人、伏戲音羲。始爲天下，是故順而不一。知理之可順，則一者以離而不一。德又下衰，及神農、黄帝始爲天下，是故安而不順。各安於理，則知有己而不順。德又下衰，及唐、虞始爲天下，興治化之流，有教化，則非無爲自然者。澆淳散朴，離道以善，有善之名，則遠于道。險德以行，凡有行，行皆是危行。然後去性而從於心。然後去本然之性，而從有爲之心。心與心識，此心與彼心，相感應。知去聲。而不足以定天下，私智日勝，而日不足于用。然後附之以文，文華。益之以博，名物。文滅質，博溺心，然後民始惑亂。無以反其性情而復其初。由是觀之，世喪道矣，道喪世矣，世與道交相喪兩不相入。也。道之人何由興乎世？世亦何由興乎道哉？道無以興乎世，世無以興乎道，雖聖人不在山林之中，雖聖人在乎目前。其德隱矣。人亦不知而隱矣。隱故不自隱。夫以不知隱，非聖人自隱也。

古之所謂隱士者，非伏其身而弗見也，非閉其言而不出也，非此承上文，而論真隱。

又翻出上「道德」字。

「倘來寄也」四字，下得奇。

藏其知而不發也，時命大謬也。當時命而大行乎天下，則反一無迹。恬淡自然，不見有爲之迹。不當時命而大窮乎天下，則深根寧極而待，謂脩性命而待時也。此存身之道也。

古之行身者，謂以身大行於天下者。不以辯飾知，不以知窮天下，不以知窮德。窮德，失其自然之性也。危然處其所而反其性，已危然處其所，謂所立者高也。反其性，即反一無迹也。又何爲哉？道固不小行，德固不小識，小識傷德不識不知者，德也。有識則爲小識，而傷乎德矣。小行傷道。無爲者道也。有爲則爲小行，而傷乎道矣。故曰：正己而已矣，樂全之謂得志。傷德傷道，不可謂之全，故樂全此者謂之得志。

古之所謂得志者，非軒冕之謂也，謂其無以易其樂無求于外。而已矣。今之所謂得志者，軒冕之謂也。軒冕在身，非性命也。物之儻來，適然而來。寄也。寄之，其來不可圉，禦同。其去不可止，故不爲軒冕肆志，不爲窮約趨俗，其樂彼與此同，彼指道，此指軒冕。故無憂而已矣。今寄去則不樂，由是觀之，雖樂未嘗不荒也。所樂在寄，雖樂而非眞樂也。故曰：喪己於物，失性於俗者，謂之倒置之民。倒置，言不知本。

《秋水》篇論大不大，論小不小，說在人，又不在人。文字闔闢變化，如生龍活虎，不可捕捉。

借河海問答，以明小大多少之分，與鷃鵬鵰鳩之論相類。文體機軸，變換愈奇。

外篇秋水第十七

秋水時至，百川灌河，涇音經。流之大，兩涘黃河水驟至，而濁滿兩岸。渚崖之間，不辨牛馬。於是焉河伯欣然自喜，以爲天下之美爲盡在己。順流而東至於北海，東面而視，不見水端，於是焉河伯始旋其面目，望洋向若若海，若滄水之神也。而嘆曰：「野語有之：聞道百，聞道僅百耳，不及萬分之一。以爲莫己若者，我之謂也。且夫我嘗聞少仲尼之聞而輕伯夷之義者，始吾弗信，今我睹子之難窮也，吾非至於子之門則殆矣，吾長見笑於大方之家。」

北海若曰：「井鼃音蛙。不可以語於海者，拘於虛也。局於所居。夏蟲不可以語於冰者，篤於時也。所知止於一時。曲士不可以語於道者，束於教也。今爾出於涯涘，觀於大海，乃知爾醜，自愧也。爾將可與語大理矣。天下之水，莫大於海，萬川歸之，不知何時止而不盈，尾閭泄之，不知何時已而不虛。春秋不變，水旱不知。此其過解上文自少意。

妙處在喻中生喻。

□言其大，此一轉，又言無小無大意。

是故以下，是解上面數句，其詞伸縮長短，齊而不齊，此文法也。

江河之流，不可爲量數。而吾未嘗以此自多者，自以比形於天地，而受氣於陰陽，吾在於天地之間，猶小石小木之在大山也。方存乎見小，又奚以自多？

「計四海之在天地之間也，不似礨空小穴也。之在大澤乎？計中國之在海内，不似稊米稊即稗也。之在太倉乎？號物之數謂之萬，人處一焉。人卒九州，穀食之所生，舟車之所通，人處一焉。此其比萬物也，不似毫末之在於馬體乎？五帝之所連，三王之所爭，仁人之所憂，任士任事之士。之所勞，盡此矣。伯夷辭之以爲名，仲尼語之以爲博，此其自多也，不似爾向之自多於水乎？」

河伯曰：「然則吾大天地而小毫末，可乎？」

北海若曰：「否。夫物量無窮，不可限量。時無止，相尋無已時。分無常，得失自有分。終始無故。無終無始。是故大知觀於遠近，故小而不寡，大而不多，不以小大爲多寡。知量無窮。知量之無窮也。証曏音向，明也。今故，即古字。故遙而不悶，遙待未至也，悶憂也。掇而不跂，掇，時前後相綴也，跂，追及之也。知時無止。知時之無已也。察乎盈虛，故得而不此一轉，又將大小字面換作精粗，重大入細，說向道理上去。

喜，失而不憂，知分之無常也。明乎坦塗，故生而不說，音悅。死而不禍，知終始之不可故也。計人之所知，不若其所不知，所知人也，所不知天也。其生之時，不若未生之時。既生則知之，未生則不知。以其至小，求窮其至大之域，是故迷亂而不能自得也。由此觀之，又何以知毫末之足以定至細之倪？又何以知天地之足以窮至大之域？」

河伯曰：「世之議者曰：至精無形，至大不可圍，是信情乎？」信有是實理乎。

北海若曰：「夫自細視大者不盡，自大視細者不明。夫精，小之微也，垺，音孚，與郛同。大之殷衆盛。也。故異便，此勢之有也。大小之勢異，便有若然耳。夫精粗者，期於有形者也。無形者，數之所不能分也。小之極，而不能辨。不可圍者，數之所不能窮也。大之極，而不能盡。可以言論者，物之粗也。可以意致推致。者，物之精也。言之所不能論，意之所不能察，致者不期精粗焉。言精粗皆局於形，故可以言論，可以意推，若大者皆無形，則言意不能盡，而不可以精粗言矣。

「是故大人之行不出乎害人，不多仁恩，大人之心，其行雖不害人，而上言至道不期精粗，此便說出大人體道之事。

前言不賤門隸，不賤貪汙，所以換此一轉，又添个貴賤，與細大同說。

亦不以仁恩自多。動不爲利，不賤門隸，其動雖不爲利，而亦不以門隸之求利者爲賤。貨財弗爭，不多辭讓，雖不黷貨而好爭矣，而亦不以辭讓爲多。事焉不借人，不多食乎力，雖不借人以舉事矣，而亦不以食力爲貴。不賤貪汙，人有貪汙之者，亦不賤之。行殊乎俗，不多辟與僻同。異，行殊乎俗，則有僻異之行，人皆多之，而不自以爲多。爲在從衆，不賤佞諂，爲在從衆，則多有諂佞之心，人皆賤之，而不以爲賤。世之爵祿不足以爲勸，戮恥不足以爲辱，知是非之不可爲分，細大之不可爲倪。聞曰：道人不聞，有殺聞，非道人也。至德不得，有所得，非至德也。大人無己，有私己，非大人也。約分之至也。」約分謂收斂本分，不自大也。不自大，故能成其大。

河伯曰：「若物之內，若物之外，惡至而倪分別也。貴賤？惡至而倪小大？」北海若曰：「以道觀之，物無貴賤，以物觀之，自貴而相賤，以俗觀之，貴賤不在己，以差謂小大之等。觀之，因其所大而大之，則萬物莫不大，因其所小而小之，則萬物莫不小。知天地之爲稊米也，知毫末之爲丘山也，則差數覩矣。若我不因其所大小而大小之，則等天地於稊米，等毫末於丘山，將物之小大亦未有定也，而差數睹矣。以功觀之，又說貴賤無常之喻，以明貴賤之不可倪。

因其所有而有之，則萬物莫不有。因其所無而無之，則萬物莫不無。知東西之相反，而不可以相無，則功分功勢分限。定矣。以趣觀之，因其所然而然之，則萬物莫不然。因其所非而非之，則萬物莫不非。知堯、桀之自然而相非，則趣操趨，向，志，操。覩矣。

「昔有堯、舜讓而帝，之、噲讓而絶，湯、武爭而王，白公爭而滅，由是觀之，爭讓之禮，堯、桀之行，貴賤有時，未可以爲常也。梁麗屋棟也。可以衝城而不可以窒穴，言殊器也。騏驥驊騮一日而馳千里，捕鼠不如狸狌，音星。言殊技也。鴟鵂夜撮蚤，夜聚蚤蝨而食之也。察毫末，晝出瞋目而不見丘山，言殊性也。故曰：蓋師主也。是而無非，師治而無亂乎？是未明天地之理、萬物之情者也。是猶師天而無地，師陰而無陽，其不可行明矣。然且語而不舍，非愚則誣也。帝王殊禪，三代殊繼，差其時，逆其俗者，謂之篡夫。當其時，順其俗者，謂之義之徒。默默乎河伯，女惡知貴賤之門、小大之家？」

河伯曰：「然則我何爲乎？何不爲乎？吾辭受趣舍，吾將奈此轉言既無貴賤，則我之辭受取舍，將何所從？

此轉言既聽造化，何必學道？

何？」北海若曰：「以道觀之，何貴何賤？是爲反衍。是謂反之於道，而寬衍自得者。無拘而志，與道大蹇。愼毋以世情自拘束其志，與道相違蹇也。何少何多？既無貴賤，則各足其足，何所自少，何所自多？是謂謝施。是謂屏謝世緣，而不施者。無一而行，與道參差。愼無執一而行，而與道相背馳也。嚴乎若國之有君，其無私德，繇繇乎若祭之有社，其無私福，泛泛乎其若四方之無窮，其無所畛域。兼懷萬物，其孰承翼？是謂無方。是謂無私係戀。萬物一齊，孰短孰長？無私則萬物齊一，而短長大小非所論矣。道無終始，物有死生，不恃其成。不居其成功。一虛一滿，不位乎其形。不守其定位。年不可舉，年去而不可追。時不可止。時流而不可止。盈虛消息，終則有始，是所以語大義之方，論萬物之理也。物之生也若驟若馳，無動而不變，無時而不移，何爲乎？何不爲乎？夫固將自化。」皆聽造化自然而已。

河伯曰：「然則何貴於道邪？」北海若曰：「知道者必達於理，達於理者必明於權，明於權者不以物害己。至德者，火弗能熱，水弗能溺，寒暑弗能害，禽獸弗能賊。非謂其薄之也，非謂其與之以下發得人心道心，愈自分曉。

自篇首至此，凡六問答，如風驅遠浪，漸近漸激，至是而雪濤噴薄，使人接應不暇，須臾澄清，則波光萬頃，一碧涵天。

自一足説到無足，皆言天機自然之動，可

相迫近，而物不能害也。言察乎安危，寧於禍福，謹於去就，莫之能害也。故曰：天在內，人在外，德在乎天。知夫人之行本乎天，位乎德，蹢音躑。躅音躅。而屈伸，反要而語極。」位得即立德也，德在乎天，天者理而已矣。順乎理而達乎權，則立乎天德矣。德立則蹢躅屈伸皆得自如，此道之要也，理之極也。

曰：「何謂天？何謂人？」北海若曰：「牛馬四足，是謂天。是謂得於自然。落絡同。馬首，穿牛鼻，是謂人。是謂出於安排。故曰：無以人滅天，無以故滅命，無以得殉名。謹守而勿失，是謂反其眞。」

夔憐蚿，蚿憐蛇，蛇憐風，風憐目，目憐心。夔，一足，蚿，百足。蛇，無足。皆能自行，然猶有形，似風則無形而自行，目則不行而能至，猶以形用也。心則以神用，而古今宇宙無不周遍。夔謂蚿曰：「吾以一足跉音絺。踔音卓。而行，子無如矣。今子之使萬足，獨奈何？」蚿曰：「不然，子不見夫唾者乎？噴則大者如珠，小者如霧，雜而下者不可勝數也。今予動吾天機，而不知所以然。」蚿謂蛇曰：「吾以衆足行，而不及子之無足，何也？」蛇曰：「夫天機之所動，何可易邪？吾安用足哉？」

謂世間至奇之文。中間又以人之唾喻蚿之足，此處又妙。其末却滯在風上，而目與心兩項，却不説此，皆文字變换，奇而又奇。

此段言聖人處變不懼，以寔《秋水》篇知時知分等意，而概之以時命，以見君子之所守也。

蛇謂風曰：「予動吾脊脅而行，則有似也。今子蓬蓬然起於北海，蓬蓬然入於南海，而似無有，何也？」風曰：「然。予蓬蓬然而起於北海，蓬蓬然而入於南海也，然而指手指。我則勝我，鰌音秋，或作蹴，足踐也。我亦勝我。雖然，夫折大木、蜚音飛。大屋者，惟我能也。」故以衆小不勝爲大勝也，爲大勝者，惟聖人能之。

孔子遊於匡，宋人圍之數帀，而絃歌不輟。子路入見，曰：「何夫子之娱也？」孔子曰：「來，吾語女。我諱窮久矣，而不免，命也。求通久矣，而不得，時也。當堯、舜而天下無窮人，非知去聲。得也。當桀、紂而天下無通人，非知失也，時勢適然。夫水行不避蛟龍者，漁父之勇也。陸行不避兕虎者，獵夫之勇也。白刃交於前，視死若生者，烈士之勇也。知窮之有命，知通之有時，臨大難而不懼者，聖人之勇也。由，處矣。處，猶止也。吾命有所制矣。」制命，猶言造命。無幾何，將甲者進辭曰：「以爲陽虎也。故圍之，今非也，請辭而退。」公孫龍問於魏牟曰：「龍少學先王之道，長而明仁義之行，合同異，離堅白，然不然，可不可，困百家之知，井蛙海鱉之喻，都是撰出，不知这老胸中如何有此奇致？

九年之水，七年之旱，人人如此説，信然人類盡矣。莊子添個十年九潦八年七旱，便自别了，這等等閑處，亦看得筆力。

窮衆品之辨，吾自以爲至達已，今吾聞莊子之言，汒焉異之。不知論之不及與？知之弗若與？今吾無所開吾喙，敢問其方。」公子牟隱几太息，仰天而笑，曰：「子獨不聞夫埳井即壞井。之鼃乎？謂東海之鱉曰：吾樂與！吾跳梁乎井幹井闌也。之上，入休乎缺甃音秋。之崖，井甃缺而成崖者。赴水則接腋持頤，蹶泥則没足滅跗。還音旋，顧視也。虷音寒。蟹與科斗，虾，水中赤虫。科斗，蟇子也。莫吾能若也。且夫擅一壑之水，而跨跱埳井之樂，此亦至矣。夫子奚不時來入觀乎？」東海之鱉左足未入，而右膝已縶拘絆也。矣，於是逡巡而却，小不能容，却步而退出也。告之海曰：「夫千里之遠，不足以舉其大。千仞之高，不足以極其深。禹之時，十年九潦，而水弗爲加益。湯之時，八年七旱，而崖不爲加損。夫不爲頃久推移，不以多少進退者，此亦東海之大樂也。於是埳井之鱉聞之，適適然驚，規規然自失也。且夫知去聲。不知是非之竟，音境。而猶欲觀於莊子之言，是猶使蚉負山、商蚷音渠，小虫。馳河也，必不勝任矣。且夫知不知論極妙之言，而自適一時之利者，一時之利，謂利口者。是非埳井之鱉引學步之喻尤佳。

以神龜之曳尾，明不仕之意，最有味。

譬喻風生，此老胸中如何有此活潑？

與？且彼指莊子。方跐音此，蹈也。黃泉而登大皇，言其見趣高遠。無南無北，奭釋同。然四解，淪於不測，無東無西，始於玄冥，本於無極。反於大通。子乃規規然而求之以察，索之以辯，是直用管窺天，用錐指地也。不亦小乎？子往矣。且子獨不聞夫壽陵餘子之學行於邯鄲與？未得國能，未得國中所行之步。又失其故行矣，直匍匐而歸耳。今子不去，將忘子之故，失子之業。」公孫龍口呿音怯，開口也。而不合，舌舉而不下，乃逸逃遁。而走。

莊子釣於濮水，楚王使大夫二人往先焉，先謂先加禮也。曰：「願以竟音境。內累矣。」莊子持竿不顧，曰：「吾聞楚有神龜，死已三千歲矣。王巾笥藏之廟堂之上，此龜者，寧其死爲留骨而貴乎？寧其生而曳尾於塗中乎？」二大夫曰：「寧生而曳尾於塗中。」莊子曰：「往矣，吾將曳尾於塗中。」

惠子相梁，莊子往見之。或謂惠子曰：「莊子來，欲代子相。」於是惠子恐，搜於國中三日三夜。莊子往見之，曰：「南方有鳥，其名鵷鶵，鳳雛也。子知之乎？夫鵷鶵發於南海，而飛於北海，非梧看此段，亦見辯才。

數句有無窮意味。

桐不止，非練實竹實。不食，非醴泉不飲。於是鴟得腐鼠，鵷鶵過之，仰而視之曰：嚇！嚇者，怒其聲，而恐奪己之食也。人子欲以子之梁國而嚇我邪？」

莊子與惠子遊於濠梁之上，莊子曰：「儵音條。魚出遊從容，是魚樂也。」惠子曰：「子非魚，安知魚之樂？」莊子曰：「子非我，安知我不知魚之樂？」惠子曰：「我非子，固不知子矣。子固非魚也，子之不知魚之樂，全矣。」言我與爾猶人類也，尚以爾汝形骸之隔，而不相知，何況魚爲非類，則子之與魚全無相知之理矣。莊子曰：「請循其本。子曰：女安知魚樂云者，既已知吾知之而問我，我知之濠上也。」言我今與子反覆辨論，皆爲枝葉之談，非本論也。若尋其本論，已知子知我之知魚矣，而猶問我者，正欲得所以知魚之故，不知我居濠之上而逍遥，則濠之下者不言可知，是以不待與魚同類，而後能知其樂也。

此篇教人决擇，至樂活身之術，皆以無爲而存。

勘破世情，方有此等議論。

既説富貴壽三段，卻以烈士，如此發明，變换語勢，亦文法也。

外篇至樂第十八

天下有至樂無有哉？有可以活身者無有哉？今奚爲奚據？奚避奚處？奚就奚去？奚樂奚惡？夫天下之所尊者，富貴壽善也。所樂者，身安厚味美服好色音聲也。所下者，貧賤夭惡也。所苦者，身不得安逸，口不得厚味，形不得美服，目不得好色，耳不得音聲。若不得者，則大憂以懼，其爲形也亦愚哉。夫富者苦身疾勤也。作多積財而不得盡用，其爲形也亦外矣。夫貴者夜以繼日，思慮善否，其爲形也亦疏矣。人之生也，與憂俱生。壽者惽惽，音昏。久憂不死，何之苦也？其爲形也亦遠矣。烈士爲天下見善矣，未足以活身，吾未知善之誠善邪？誠不善邪？若以爲善矣，不足以活身；以爲不善矣，足以活人。故曰：忠諫不聽，蹲音存。循勿爭。忠言不聽，則當逡巡却去，而勿與之爭。故夫子胥爭之，以殘其形。不爭，名亦不成。誠有善無有哉？今俗之所爲與其所樂，吾又未今俗以下，結上四段。

此見無爲便是天地萬物總括之理。

莊子鼓盆似不近人情，不知此種無情學問，究竟性命者緊要得力正在於此。

知樂之果樂邪？果不樂邪？吾觀夫俗之所樂，舉群趣與趨同。者，誙誙然如將不得已，而皆曰樂者，吾未之樂也，亦未之不樂也。果有樂無有哉？吾以無爲誠樂矣，又俗之所大苦也。吾以無爲樂，誠樂矣，而世俗苦之，吾如世俗何哉？故曰：至樂無樂，至譽無譽。

天下是非，果未可定也。雖然無爲可以定是非。至樂活身，惟無爲幾存。請嘗試言之：天無爲以之清，地無爲以之寧，故兩無爲相合，萬物皆化。芒乎芴音忽。乎，而無從出乎。芴乎芒乎，而無有象乎？萬物職職，皆從無爲殖。故曰：天地無爲也，而無不爲也。人也孰能得無爲哉？

莊子妻死，惠子弔之。莊子則方箕踞鼓盆而歌，盆，瓦缶也。鼓之，所以節音。惠子曰：「與人居，長去聲。子、老、身死，不哭亦足矣，又鼓盆而歌，不亦甚乎！」莊子曰：「不然，是其如死也，我獨何能無槩然。言安能不槩然與世人同情哉？察其始而本無生，非徒無生也，而本無形。非徒無形也，而本無氣。雜乎芒芴之間，變而有氣，氣變而有形，形變而有生，今又變而之死，是相與爲春秋冬夏，四時行此段皆是忘死生意。

此段只說死生之理而撰出髑髏一段說話，甚奇。讀者當知其意，莫把作實者。

莊子致髑髏五問，可謂灼見世情憂患之端。據髑髏所答，則雖有世患，何由及哉？

也。人且偃然寢於巨室，偃，仰也。巨室謂天地也。而我噭噭音叫。然隨而哭之，自以爲不通乎命，故止也。」

支離叔與滑介叔觀於冥伯之邱、崑崙之虛，墟同。黃帝之所休，黃帝所休息處。俄而柳生其左肘，柳，瘍也，今謂之生癤。其意蹷蹷然惡之。支離叔曰：「子惡乎？」滑介叔曰：「亡，予何惡？生者假借也，謂此生乃外物假合而成者也。假之而生生者。塵垢也。塵垢言至微，不足貴也。死生爲晝夜，且吾與子觀化觀萬物之變。而化及我，我又何惡焉？」

莊子之楚，見空髑髏，音蜀樓，白骨也。髐音磽，空堅之貌。然有形，撽音竅，擊之也。以馬棰，因而問之，曰：「夫子貪生失理而爲此乎？將子有亡國之事、斧鉞之誅而爲此乎？將子有不善之行，愧遺父母妻子之醜而爲此乎？將子有凍餒之患而爲此乎？將子之春秋故及此乎？」於是語卒，援髑髏，枕而卧。夜半，髑髏見夢曰：「子之談者似辨士，諸子所言，皆生人之累也，死則無此矣。子欲聞死之說乎？」莊子曰：「然。」髑髏曰：「死無君於上，無臣於下，亦無四時之事，縱然以天地爲春秋，雖南面王，樂不能過也。」莊子不信此段只是不可與言而與之言，失言意却撰出許多説話。

以鳥設喻，見齊侯不可以黄帝、堯、舜之道説之。

曰：「吾使司命復生子形，爲子骨肉肌膚，反子父母、妻子、閭里、知識，子欲之乎？」髑髏深矉蹙額曰：「吾安能棄南南王樂，而復爲人間之勞乎？」

顔淵東之齊，孔子有憂色，子貢下席而問曰：「小子敢問回東之齊，夫子有憂色何邪？」孔子曰：「善哉女問。昔者管子有言，丘甚善之。曰：褚布袋也。小者不可以懷大，綆汲水之繩。短者不可以汲深。夫若是者，以爲命有所成，而形有所適也。夫不可損益，吾恐回與齊侯言堯、舜、黄帝之道，而重以燧人、神農之言，彼將内求於己而不得，不得則惑人，惑則死。

且女獨不聞邪？昔者海鳥止於魯郊，魯侯御音迓。而觴之於廟，奏《九韶》以爲樂，具太牢以爲膳，鳥乃眩視憂悲，不敢食一臠，不敢飲一杯，三日而死。此以己養養鳥也，非以鳥養養鳥也。夫以鳥養養鳥者，宜栖之深林，遊之壇陸，浮之江湖，食音嗣。之鰌鰷，音秋條。隨行列而止，委蛇而處。彼唯人言之惡聞，奚以夫譊譊爲乎？「《咸池》《九韶》之樂，張之洞庭之野，鳥聞之而飛，獸聞之而又以樂説起。

此段文字，絶出千古，整齊中不整齊，不整齊中整齊，如看飛雲斷雁，如看孤峰斷坂，愈讀愈有味。

走，魚聞之而不入，人卒聞之，相與還而觀之。魚處水而生，人處水而死。彼必相與異，其好惡故也，故先聖不一其能，不同其事，名止於實，義設於適，是之謂條達而福持。」古之聖人不一人之能，不同人之事，故因名以求實，則無不量而入之嫌矣。因適以陳義，則無求而不得之惑矣。兩者條達，則持福常在於己。烏有人惑則死之患哉。

列子行食於道，從見從道旁而見。百歲髑髏，攓音蹇，扶也。蓬而指之言髑髏没於蓬蒿之中，列子扶其蓬而指之。曰：「唯予與女知而未嘗死、未嘗生也，若果養乎？養生而飲食也，若果以予爲養乎？予果歡乎？歡死而寂滅也，予果以女爲歡乎？種上聲。有幾，變化種數，不可勝計。得水則爲㡭，音繼，天地塵埃爲息所吹，浮游水上，塵上相牽如絲如縷，其名爲㡭，蓋水苔欲生之先，河中多有此眹。得水土之際則爲鼃蠙音賓。之衣，其在水土之際，兩岸之旁，水得土氣，漸凝漸厚，隨有體質，其色沉緑，名爲蛙蠙之衣，是曰青苔焉。生於陵屯則爲陵舄，漸上近土，生於陵屯，化爲陵舄，陵舄，車前草也。陵舄得鬱棲則爲烏足，烏足之根爲蠐螬，其葉爲蝴蝶。蝴蝶胥也。陵舄而得鬱棲，化爲烏足，鬱棲，糞壤池，烏足亦草名，其根化爲蠐螬，而葉爲胡蝶。胡蝶，胥之别名也。化而爲上面一截説了，却把人至怪的結後，此是其驚駭之世俗處，莫把作寔話看。

蟲，生於竈下，其狀若脱，其名爲鴝掇。草化爲虫，質多蠕弱，又生於田夫野灶之下者，得火之氣，化而爲虫，無皮無殼，其狀若脱，名為鴝掇。鴝掇千日爲鳥，其名爲乾音干。餘骨。鴝掇伏土千日，化而爲鳥，其名乾餘骨，此一化自鳥足來者，最為强健。乾餘骨之沫音末。爲斯彌，斯彌爲食醯。乾餘骨之沫，化爲斯彌虫，斯彌虫化爲食醯，食醯者，蠛蠓也，喜酸而聚醯，故曰食醯。頤輅生乎食醯，黄軦音況。生乎九猷，瞀芮音茂鋭。生乎腐蠸，食醯雖小，而自血氣中來，亦能以形相感，多見此虫相尾而飛於空中，故食醯生頤輅，頤輅生九猷，九猷生黄軦，黄軦生腐蠸，腐蠸生瞀芮，遞上相生，皆虫類也。羊奚比乎不箰，比，去聲。音笋。久竹生青寧，羊奚，草名，根如蕪菁比合也。其根若連於久不生笋之竹，則生青寧，青寧，虫名。青寧生程，程生馬，馬生人，青寧生程虫，程虫生馬齒，馬齒生人參，馬齒、人參皆草名。人又反入於機，萬物皆出於機，皆入於機。出機入機，即是出入生死也。

此語用排比體。

南華經分章名解卷三

輪山鰲海陳榮選撰　七世孫廷信藩伯、廷尹達伯重梓

外篇達生第十九

達生之情者，不務生之所無以爲。情實也。實以爲猶言無用爲此也，達生之情者，虛靜恬淡，不務其無以爲者以爲養。達命之情者，不務知之所無奈何，達命之情者，順其自然，不務知之無可奈何者以倖免。養形必先之物，物有餘而形不養者有之矣。物有餘，而形豈長在？有生必先無離形，形不離而生亡者有之矣。形雖全，而生有盡。生之來不能却，其去不能止，悲夫！世之人以爲養形足以存生，而養形果不足以存生，則世奚足爲哉？雖不足爲，而不可不爲者，其爲不免矣。夫欲免爲形者，莫如棄世。棄世則無累，無累則正平，心無高下决擇。正平則與彼更生，與造物無窮。更生則幾矣。事奚足棄而生奚足遺？棄事則形不

此章渾似禪語。

此論至人純氣之守。

醉者墜車之喻，極爲精密。

勞，遺生則精不虧。夫形全精復，與天爲一，天地者，萬物之父母也，合則成體，散則成始。復具初。形精不虧，是謂能移。移，變化也。精而又精，反以相天。相，贊也。

子列子問關尹曰：「至人潛行不窒，礙也。蹈火不熱，行乎萬物之上而不慄，請問何以至此？」關尹曰：「是純氣之守也，非知音智。巧果敢之列。音例。居，予語女。凡有貌象聲色者，皆物也，物何以相遠，物則不通，何以懸絕若此。夫奚足以至乎先？夫奚足以至乎未始有物之先。是色而已。則物之造乎不形，而止乎無所化。夫得是而窮之者，物焉音烟。得而止焉。若但以貌象聲色而已，則物有出於無形之先，而在未有化之始者，若以得夫物者窮之，此其於物安得而要其至極焉？彼指至人。將處乎不淫之度，而藏乎無端之紀，遊乎萬物之所終始。壹其性，養其氣，合其德，以通乎物之所造。與造物爲一。夫若是者，其天守全，其神無郤，音隙，間也。物奚自入焉？」夫醉者之墜車，雖疾不死，骨節與人同，而犯害與人異，其神全也。乘亦不知也，墜亦不知也，死生驚懼，不入乎其胸中，是故迕音午。物而不慴。彼得全復讎二句，即無心之喻。

此借喻以論純氣之守。

不分二句，點醒一段意致。

於酒而猶若是，而況得全於天乎？聖人藏於天，故莫之能傷也。

復讎者，不折鏌音莫。干，雖有忮心者，不怨飄瓦，刃殺人乎？操刃者殺人乎？故復仇者仇在人，而不折鏌干。忮心不怨飄瓦，亦復如是。是以天下均平。故無攻戰之亂，無殺戮之形者，由此道也。不開人之天，而開天之天，開，明也。人之天，謂有心者，天之天，謂無心者。開天者德生，開人者賊生。德謂全其天德之真，賊謂加以人爲之害。不厭其天，不忽於人，民幾乎以其真。

仲尼適楚，出於林中，見痀音區。僂音縷。者承蜩，音條。猶掇之也。痀僂，曲身人也。承蜩，持竿粘蟬也。掇，信手取之也。仲尼曰：「子巧乎，有道邪？」曰：「我有道也。五六月累丸累彈丸於竿首。二而不墜，則失者錙銖。累三而不墜，則失者十一。累五而不墜，猶掇之也。吾處身也，若撅音掘。株拘，吾執臂也，若槁木之枝。雖天地之大，萬物之多，而唯蜩翼之知。吾不反不側，不以萬物易蜩之翼，何爲而不得？」孔子顧謂弟子曰：「用志不分，乃凝於神。其痀僂丈人之謂乎！」

此段舉爲志不可分之喻，而中復舉若陵車，却爲注之事以喻之，乃喻中之喻也，莊子之文類如此。

意上起意，喻中生喻，老奇才真宇宙間未有。

顏淵問仲尼曰：「吾嘗濟乎觴深淵名。之淵，津人操舟若神，吾問焉，曰：操舟可學邪？曰：可。善遊者數能，若乃夫没人，善入水之人。則未嘗見舟而便操之也。吾問焉而不吾告，敢問何謂也？」仲尼曰：「善遊者數能，忘水也。若乃夫没人之未嘗見舟而便操之也，彼視淵若陵，視舟之覆，猶其車却也。覆却萬方陳乎前而不得入其舍，惡往而不暇？以瓦注者巧，以鉤注者憚，以黄金注者殙。注，賭者之注也。賭者以瓦爲注，則無心而生智巧。以帶鉤爲注，則有恐心而憚。以黄金爲注，則益生得失，而智昏矣。其巧一也，而有所矜，憐惜也。則重外也。凡外重者内拙。」

田開之見周威公，威公曰：「吾聞祝腎音慎。學生，學養生之道。吾子與祝腎遊，亦何聞焉？」田開之曰：「開之操拔篲即掃箒。以侍門庭，亦何聞於夫子。」威公曰：「田子無讓。寡人願聞之。」開之曰：「聞之夫子曰：善養生者若牧羊然，視其后者而鞭之。」威公曰：「何謂也？」田開之曰：「魯有單音善。豹者，巖居而水飲，不與民共利，行年七十而猶有嬰兒之色，不幸遇餓虎，餓虎殺而食轉應鞭后，奇甚。

此示人室令人欲之戒，雖聖賢聞之亦必首肯。

此段借説彘，警人之躭富貴而死被戮辱者。

末一句詰問，令人有深省處。

之。有張毅者，高門縣簿無不走也，即往來富貴之家也。高門，大家也。縣薄謂縣帷簾於門首者。行年四十而有内熱之病以死。豹養其内、而虎食其外，毅養其外而病攻其内。比二子者，皆不鞭其後者也。」仲尼曰：「無入而藏，無專於静。無出而陽，無一於動。柴立其中央。動静惟時，無心而立其中央柴者，無心之義。三者若得，其名必極。」

夫畏塗者，十殺一人，則父子兄弟相戒也，必盛卒徒而后敢出焉。不亦知音智。乎！人之所取畏者，衽席之上，飲食之間，而不知爲之戒者，過也。

祝宗人玄端以臨牢筴。音策。祝宗人，祭祀之官。玄端，服也。牢筴，豕柵也。説音税。彘，曰：「汝奚惡死？吾將三月豢音患。汝，十日戒，三日齊，藉白茅，加汝肩尻音韜，豕尾曰尻。乎彫俎之上，則汝爲之乎？」爲彘謀曰：「不如食以糠糟而錯音措。之牢筴之中。」自爲謀，則苟生有軒冕之尊，死得於腞楯音篆盾，案之有縷文者。之上、聚僂筐莒也。之中，則爲之。爲彘謀則去之，自爲謀則取之，所異彘者，何也？

疑妖而病，聞覇而愈，固常人之情，然鬼神之説，不可謂盡無此，惟達幽明之故者能知之。

將興必有禎祥，此可參驗矣。

桓公田於澤，管仲御，見鬼焉。公撫管仲之手曰：「仲父音甫。何見？」對曰：「臣無所見。」公反，誒詒音熙怡，嘔噦聲。爲病，數日不出。齊士有皇子告敖者曰：「公則自傷，鬼惡能傷公？夫忿滀鬱結也。之氣，散而不反，則爲不足。上而不下，則使人善怒，下而不上，則使人善忘。不上不下，中身當心，則爲病。」桓公曰：「然則有鬼乎？」曰：「有。沈溝泥也。有履，竈有髻。音詰，履、髻，皆神名。戶內之煩壤，即糞壤。雷霆亦指神。處之，東北方之下者倍音裴。阿鮭音蛙。蠪音聾。躍之，西北方之下者，則泆音逸。陽處之。水有罔象，丘有峷，音臻。山有夔，野有彷徨，音徬皇。澤有委蛇。」公曰：「請問委蛇之狀何如？」皇子曰：「委蛇其大如轂，其長如轅，紫衣而朱冠。其爲物也惡聞雷車之聲。則捧其首而立。見之者殆乎覇。」桓公囅音軫。然而笑曰：「此寡人之所見者也。」於是正衣冠，與之坐，不終日而不知病之去也。

紀渻音省。子爲王養鬭雞，十日而問：「雞已乎？」言已可用乎。曰：「未也。方虛憍音驕。而恃氣。」謂氣旺在外。十日又問，曰：「未也。猶應嚮景。」音影，謂心猶爲物動。十日又問，曰：「未也。猶疾視而盛氣。」謂氣旺在內。十日又問，曰：「幾矣。雞雖有鳴者，已無變矣。望之似木雞矣。其德神氣。全矣。異雞無敢應者，反走矣。」

孔子觀於呂梁，縣音玄。水三十仞，流沫音末。四十里，黿鼉魚鱉之所不能遊也。見一丈夫遊之，以爲有苦而欲死也，使弟子並音傍。流而拯之，數百步而出。被髮行歌而遊於塘下，孔子從而問焉，曰：「吾以子爲鬼，察子，則人也。請問蹈水有道乎？」曰：「亡。吾無道。吾始乎故，長乎性，成乎命。與齊俱入，與汩偕出。齊，水旋入處。汩，水涌出處也。從水之道，而不爲私焉。此吾之所以蹈之也。」孔子曰：「何謂始乎故，長乎性，成乎命？」曰：「吾生於陵，而安於陵，故也。長於水而安於水，性也。不知吾所以然而然，命也。」

梓慶削木爲金鐻，音據，鐻者，鐘鼓之縣，兩端多有刻鏤。鐻成，見者驚猶鬼神。疑其精巧非人所成也。魯侯見而問焉，曰：「子何術以爲焉？」對曰：「臣工人，何術之有？雖然，有一焉。臣將爲鐻，未嘗

此言守氣之學，借雞爲喻。

此喻素患難行乎患難，無入不自得之意。

承蜩者，削鐻者，捶鉤者，皆以靜心凝神而成其巧，况進於藝者，可不務乎？

此一喻極爲的切，極爲端正。

此以人之常情而喻乎道，須自體究，便見得莊子書物理處。

敢以耗氣也。耗氣不定也。必齊以靜心，齊三日。而不敢懷慶賞爵祿。齊五日，不敢懷非譽巧拙。齊七日，輒然忘吾有四枝形體也。當是時也，無公朝，不知朝廷。其巧專而外骨消，然後入山林，觀天性木性。形軀木形。至矣，然後成見鐻，然后舉其成象，若見爲鐻者。然後加手焉。不然則已。則以天合天，器之所以疑神者，其是與？」

東野稷以御見莊公，進退中繩，左右旋中規，莊公以爲文弗過也。如組織而成文然。使之鉤百而反。鉤者，稷矜其能員而驅之如鉤也。鉤百，御焉打園百轉也。顏闔遇之，入見曰：「稷之馬將敗。」公密而不應，少焉，果敗而反。公曰：「子何以知之？」曰：「其馬力竭矣，而猶求焉，故曰敗。」

工倕音垂，工人名倕。旋而蓋規矩，旋其手，便如蓋而合規矩。指與物化，而不以心稽，指與物忘，略不留心。故其靈臺神舍。一而不桎。拘也忘足，屨之適也，足安於屨，若無物然。忘要，音腰。帶之適也。知忘是非，心之適也。不内變，内境純一。不外從，事外忘志其所從事。會之適也，會，造道也。始乎適而未嘗不適者，忘適之適也。久則併適亦忘之。

此篇文多復出，而意旨各別，讀者當自得之。

淡淡語，自成文法。

有孫休者，踵門而詫音咤，告也。子扁慶子曰：「休居鄉不見謂不脩，不見我之不賢行。臨難不見謂不勇，然而田原不遇歲，事君不遇世，賓與擯同。於鄉里，逐於州部，則胡罪乎天哉？休惡遇此命也？」扁子曰：「子獨不聞夫至人之自行邪？忘其肝膽，遺其耳目，芒然彷徨乎塵垢之外，逍遥乎無事之業，是謂爲而不恃，長而不宰。今汝飾智以驚愚，脩身以明污，自別於污俗。昭昭乎若揭日月而行也。汝得全而形軀，具而九竅，無中道夭於聾盲跛蹇而比於人數，亦幸矣。又何暇乎天之怨哉？子往矣！」孫子出，扁子入，坐有間，仰天而嘆。弟子問曰：「先生何爲歎乎？」扁子曰：「向者休來，吾告之以至人之德，吾恐其驚而遂至於惑也。」弟子曰：「不然。孫子之所言是邪？先生之所言非邪？非固不能惑是。孫子所言非邪，先生所言是邪，彼固惑而來矣。彼之來，本自惑，非先生惑之。又奚罪焉？」扁子曰：「不然。昔者有鳥止於魯郊，魯君悦之，爲具太牢以饗之，奏《九韶》以樂之，鳥乃始憂悲眩視，不敢飲食。此之謂以己養養鳥也，若夫以鳥養養鳥者，宜棲之深林，浮之江湖，食音嗣。之以委蛇，音移，委蛇言使之從容自得而食也。則乎陸而已矣。今休欸啟欸，孔也。啟，開也。言所見者少也。寡聞之民也，吾告以至人之德，譬之若載鼷以車馬，樂鴳音晏。以鐘鼓也。彼又惡能無驚乎哉？」

□□談載鼷樂鴳二喻，亦見文章中引氣充神之技。

不材全其天年，前已屢言之，今添鴈以不材見殺，又是一意，蓋言材不材，皆犹有形迹，未免自累，必至善惡俱泯，乃爲全其真也。

以下數句，曲盡人情。

外篇山木第二十

莊子行於山中，見大木枝業盛茂，伐木者止其旁而不取也，問其故，曰：「無所可用。」莊子曰：「此木以不材得終其天年。」莊子出於山，舍於故人之家。故人喜，命豎子殺鴈而烹之，豎子請曰：「其一能鳴，其一不能鳴，請奚殺？」主人曰：「殺不能鳴者。」明日，弟子問於莊子曰：「昨日山中之木，以不材得終其天年。今主人之鴈，以不材死。先生將何處？」莊子笑曰：「周將處夫材與不材之間。材與不材之間，似之而非也，有迹未化。故未免乎累。若夫乘道德而浮遊者，則不然，無譽無訾，一龍一蛇，與時俱化，而無肯專爲。一上一下，以和爲量，浮遊乎萬物之祖，物物而不物於物，則胡可得而累邪？此神農、黄帝之法則也。若夫萬物之情，人倫之傳，則不然。合則離，合則勢大，故有從而離之者。成則毁，成則功高，故有從而毁之者。廉則挫，廉則有主角，故有從而摧之者。尊則議，尊則位高，故此段在狐豹身上癸出箇靜、戒、定學問，可見此老句句寓言皆是説道。

南越建德之國，與下大莫，皆是寓言其國也。

有從而議之者。有爲則虧，有爲則功成，故有從而虧之者。賢則謀，賢則多智，故有從而謀之者。不肖則欺，不肖則愚，故有從而欺之者。胡可得而必乎哉？事多不由人，豈可必乎？悲夫！弟子志之。其唯道德之鄉音向。乎？」惟順其自然，乃可以自免。

市南宜僚見魯侯，魯侯有憂色，市南子曰：「君有憂色，何也？」魯侯曰：「吾學先王之道，脩先君之業，吾敬鬼尊賢，親而行之，無須臾離居，然不免於患，吾是以憂。」市南子曰：「君之除患之術淺矣，夫豐狐文豹棲於山林，伏於巖穴，靜也。夜行晝居，戒也。雖飢渴隱約，猶且胥疏胥，相也，與人相疏遠也。於江湖之上而求食焉，定也。然且不免於罔羅機辟音闢。之患，是何罪之有哉？其皮爲之災也。今魯國獨非君之皮邪？言有名位，皆能惹禍。吾願君刳形去皮，洒心去欲，而遊於無人之野。

「南越有邑焉，名爲建德之國，其民愚而朴，少私而寡欲，知作耕作。而不知藏，畜藏。與而不求其報，不知義之所適，不適禮之所將，猖狂妄行，而蹈乎大方，其生可樂，其死可葬。吾願君去國此又孱弱之夫，加一鞭策。

送君兩句，最爲深妙。

虛舟一段，喻人當虛己以遊世。

捐俗，與道相輔而行。」

君曰：「彼其道遠而險，又有江山，我無舟車，奈何？」市南子曰：「君無形倨，無留居，以爲君車。」言無倨傲無形，無留戀尔居，則無車之車行矣。君曰：「彼其道幽遠而無人，吾誰與爲鄰？吾無糧，我無食，安得而至焉？」市南子曰：「少君之費，寡君之欲，雖無糧而乃足。君其涉於江而浮於海，望之而不見其崖，愈往而不知其所窮，送君者皆自崖而反，君自此遠矣。喻言李道既悟之后，向所資以自悟者，如人之餞送登舟至於海岸，皆以反歸矣。

故有人者累，見有於人者憂。以我役物者，累。爲物所役者，憂。二者皆非自然之道。故堯非有人，非見有於人也。堯非役物，亦非爲物役也。吾願去君之累，除君之憂，而獨與道遊於大莫之國。方舟兩舟並行。而濟於河，有虛船來觸舟，雖有惼音褊。心之人不怒。有一人在其上，則呼張歙音翕。之。呼使其人，撐開斂退。一呼而不聞，再呼而不聞，於是三呼邪，則必以惡聲隨之。向也不怒而今也怒，向也虛而今也實，人能虛己以遊世，其孰能害之？」

此段言北宮奢之鑄鐘，而歸結在有大塗一句。

北宮奢爲衛靈公賦斂以爲鐘，斂民財以鑄鐘。爲壇乎郭門之外，爲壇者，先祭而后鑄也。三月而成上下之縣。音玄，鐘架，有上下層。王子慶忌見而問焉曰：「子何術之設？」言設何術而成之遲也。奢曰：「一之間無敢設也。言吾一乃心志之外，何敢更設他術。奢聞之：既彫既琢，復歸於朴。人之生理自完，加以彫琢，則純朴散矣。吾將於彫琢之餘，復而歸之。侗乎其無識，儻乎其怠疑。怠疑無容心之狀。萃乎芒乎，其送往而迎來。來者勿禁，往者勿止。從其彊梁，不罪其背我者。隨其曲傅，不私其附我者，傅音附。因其自窮。因其力之所自盡，而不强其所不堪者。故朝夕賦斂而毫毛不挫，於人無一毫之傷。而況有大塗者乎？」夫宮奢未爲知道，而其行事乃如此，况道德之有於身者乎？大塗，猶言大道。

孔子圍於陳、蔡之間，七日不火食。太公任往弔之，曰：「子幾死乎？」曰：「然。」「子惡死乎？」曰：「然。」任曰：「予嘗言不死之道。東海有鳥焉，名曰意怠。即今之燕。其爲鳥也，翂翂音紛。翐翐，音秩，皆飛貌。而似無能。引援而飛，引援同共群也。迫脅而棲，迫近於人以爲巢。進不敢爲前，退不敢爲後，言往來不爭。食不敢先嘗，必直木甘井，以聲名自見之喻也。

此重言孔子，而借以喻道，若夫子，豈肯逃大澤而群鳥獸者？

棄璧負，此喻甚佳。

取其緒。棄餘棄也。是故其行列不斥，猶云不多。而外人卒不得害，是以免於患。直木先伐，甘井先竭，子其意者，飾智以驚愚，脩身以明污，昭昭乎如揭日月而行，故不免也。昔吾聞之大成之人曰：自伐者無功，功成者墮名，成者虧，孰能去功與名，而還與衆人？還推以與人也。道流而不明夫道流行天地間，而不自明其爲道也。居，得行而不名處，體道者得志而行，而不以功名自表見。純純常常，乃比於狂。純一其心，平常其行，與猖狂不知所之者同。削迹捐勢。削迹杜門，捐去勢利。不爲功名。是故無責於人，人亦無責焉。至人不聞，至人之行，不求聞達。子何喜哉？」子何以名爲喜哉。孔子曰：「善哉！辭其交遊，去其弟子，逃於大澤，衣裘褐，食杼栗，入獸不亂群，入鳥不亂行，鳥獸不惡，而況人乎？」

孔子問子桑雽曰：雽，音户。「吾再逐於魯，伐樹於宋，削迹於衛，窮於商、周，圍於陳、蔡之間，吾犯此數患，親交益疏，徒友益散，何與？」子桑雽曰：「子獨不聞假人之亡與？假，一作殷，亡，謂逃亡。林回棄千金之璧，負赤子而趨。或曰：爲其布與？赤子之布此段真足以開外逐之蔽。

寡矣。爲其累與?·赤子之累多矣。棄千金之璧，負赤子而趨，何也?·」布，泉布也。言假人林回出亡，捐璧負子，原其初意，若謂赤子可布，則赤子之布寡於千金，若以千金之璧爲累，則赤子之累多於金璧，今而捐璧負子，何也?·林回曰：「彼以利合，此以天屬也。夫以利合者，迫窮禍患害相棄也。以天屬者，迫窮患害相收也。夫相收之與相棄，亦遠矣。且君子之交淡若水，小人之交甘若醴。君子淡以親，小人甘以絶。彼無故以合者，則無故以離。」孔子曰：「敬聞命矣。」徐行翔佯而歸，絶學捐書，弟子無挹音揖。於前，不拘揖拜之礼。其愛益加進。蓋虚文去，則真意流通，宜乎愛益加進也。

異日，桑虖又曰：舜之將死，真泠謂以真實大道而告之也。禹曰：「汝戒之哉。形莫若緣，因其自然。情莫若率。循其自然。緣則不離，率則不勞。不離不勞，則不求文以待形。不求身外之物以待我。不求文以待形，固不待物。」固無所資於物。

莊子衣大布粗布。而補之，正緳音絜。係履正緳，結帶也，履弊而加以繩縛，故曰係履。而過魏王。魏王曰：「何先生之憊病困。邪?·」莊子此段即原憲、子貢問對意，莊子析理至精，此處可見。

末句引比干爲證，收法閒而有味。

尋常之論，則以富貴不淫爲易，貧而無怨爲難，莊子却如此反説，極有意味。

曰：「貧也，非憊也。士有道德不能行，憊也。衣弊履穿，貧也。非憊也。此所謂非遭時也。王獨不見夫騰猿乎？其得柟梓豫章也，攬蔓其枝而王去聲。長其間，攬蔓者，攬其枝而蟠結之，如蔓之阴木者然。王長，言精神雄壯也。雖羿、逢蒙不能眄睨也。及其得柘棘枳枸音矩。之間也，危行側視，振動悼慄，此筋骨非有加急而不柔也，處勢不便，未足以逞其能也。今處昏上亂相之間，而欲無憊，奚可得邪？此比干之見剖心，徵也夫！」徵，証驗也。

孔子窮於陳、蔡之間，七日不火食。左據槁木，右擊槁枝，而歌焱音飈。氏之風，有其具而無其數，雖有所擊，而無節奏。有其聲而無宫角，雖有其聲，而不合五音。木聲與人聲，犂然有當於人之心。顔回端拱還音旋。目而窺之，仲尼恐其廣己而造大也，愛己而造哀也，廣，推尊也。造，至也。仲尼恐其以尊我求之，而或至於大也。以愛我求之，而或至哀傷也。曰：「回，無受天損易，無受人益難，無始而非卒也，如終總一原。人與天一也。天人總一理。夫今之歌者，其誰乎？」言歌者非我也。

回曰：「敢問無受天損易？」仲尼曰：「飢渴寒暑，窮桎不行，此借顏回發問，逐句而晰其蒙。

突用「社稷存」三字，意奇而議論風生。

天地之行也，運物之泄也，言與之偕逝之謂也。爲人臣者，不敢去之。言飢渴寒暑窮桎之困，皆天所以損我者，不知此天地之行而造物之發泄也，吾惟順化而與之偕逝也，如臣子之聽命於君者然。執臣之道，猶若是，而況乎所以待天乎？」「何謂無受人益難？」仲尼曰：「始用四達，始而進用，便四達而順利。爵祿竝至而不窮。物之所利，乃非己也。物，外物也。利，益也。言此外來之益，與己無干者也。吾命有在外者也，爵祿之至，皆吾命使然也。君子不爲盜，賢人不爲竊，吾若取之何哉？君子不以無功而盜竊爵祿，吾反取之何哉？故曰：鳥莫智於鷾鴯，音意而。目之所不宜處不給視，目所不宜之處，則不視。雖落其食，棄之而走。口所難食之實，則棄之。其畏人也而襲諸人間，社稷存焉爾。」畏人而反襲，托諸人間之堂上，蓋以人間堂上，社稷之神居焉，神德好生，故托諸明神以祈人之不害，此鷾鴯存身之知也。「何謂無始而非卒？」仲尼曰：「化其萬物而不知其禪相代也。之者，焉知其所終？焉知其所始？正而待之而已耳。」「何謂人與天一邪？」仲尼曰：「有人，天也。有天，亦天也。人之不能有天，性也。聖人晏然體逝而終矣。」人亦天也，天亦天也，無天則無人，故曰有人天也，然而天之所此段言物無大小，有所逐便有所迷，此乃南華警世之論。

濁水清淵，即人欲天理之喻。

以爲天，又必有以爲之主宰，故曰有天亦天也，而人之不能有天，則何故哉？天在性分上有所加損也，故聖人之學，惟晏然體逝，而聖脩之能事畢矣，逝即逝者如斯之逝，乃造物之所以爲卒始者。

莊周遊乎彫陵地名。之樊，園之藩籬。覩一異鵲，自南方來者，翼廣七尺，目大運寸，感周之顙，而集於栗林。莊周曰：「此何鳥哉？翼殷不逝，殷，大也。逝，往也。目大不睹。」褰裳躩步，執彈而留之，覩一蟬方得美蔭而忘其身，螳蜋執翳以草自蔽。而搏之，見得而忘其形。異鵲從而利之，見利而忘其真。莊周怵然曰：「噫！物固相累，二類相召也。言蟬召螳螂，螳蟬召鵲，鵲復召我矣。捐彈而反走，虞人逐而誶罵語也。之，莊周反入，三月不庭。即閉門思過之意。藺且音疽，莊子門人名。從而問之：「夫子何爲頃間甚不庭乎？」莊周曰：「吾守形而忘身，觀於濁水而迷於清淵，且吾聞諸夫子指老子。曰：入其俗從其俗。謂問俗問禁也。今吾遊於彫陵，入他人之園，是違禁也。而忘吾身。異鵲感吾顙，遊於栗林而忘真。栗林虞人以吾爲戮，辱也。吾所以不庭也。」

看此逆旅小子，亦知友德而不荒於色者矣。

陽子名朱。之宋，宿於逆旅。逆旅人有妾二人，其一人美，其一人惡。美，妝飾。惡，不飾也。惡者貴而美者賤。陽子問其故，逆旅小子對曰：「其美者自美，吾不知其美也。其惡者自惡，吾不知其惡也。」美者自美，則有驕妒之心。吾固不知其美也。惡者自惡，則有退讓之意，吾固不知其惡也。陽子曰：「弟子記之，行賢而去自賢之行，安往而不愛哉？」

外篇田子方第二十一

田子方侍坐於魏文侯，數稱谿工。文侯曰：「谿工，子之師邪？」子方曰：「非也。無擇子方名。之里人也，稱道數當，謂與論道理，往往當於人心。故無擇稱之。」文侯曰：「然則子無師邪？」子方曰：「有。」曰：「子之師誰邪？」子方曰：「東郭順子。」文侯曰：「然則夫子何故未嘗稱之？」子方曰：「其爲人也真，真謂質任自然。人貌而天，貌雖人，而心則天。虛緣而葆真，虛己順物，而靜以養真。清而容物，清者或不足有容，而彼則能容人。物無道，正容以悟之，使人之意也消。人無道則不待言語，惟正容以悟之，而彼之心自消。無擇何足以稱之？」子方出，文侯儻然終日不言，召前立臣而語之曰：「遠矣，全德之君子。始吾以聖智之言、仁義之行爲至矣，吾聞子方之師，吾形解而不欲動，口鉗而不欲言，吾所學者，真土梗耳。夫魏真爲我累耳！」土梗，土人也。遭雨則壞，言所學者得其粗耳，以魏國爲累，故不能深究自然之理。

此段欲發全德之君子，故惟子方答文侯爲起端。

解形鉗口，寫出儻然自失之意，甚親切。

似子似父，下得精巧。

此章問答，有群弟子所未聞者，惟顏子優入聖域，故以此教之。

溫伯雪子適齊，舍於魯。魯人有請見之者，溫伯雪子曰：「不可，吾聞中國之君子，明乎禮義而陋於知人心，陋，劣也，知人心，知本心也。吾不欲見也。」至於齊，反舍於魯，是人也又請見。溫伯雪子曰：「往也蘄音祈。見我，今又蘄見我，是必有以振我也。」振，振發也。出而見客，入而嘆。明日見客，又入而嘆。其僕曰：「每見之客也，必入而嘆，何邪？」曰：「吾固告子矣。中國之民，明乎禮義，而陋乎知人心，昔之見我者，進退一成規，一成矩，從容一若龍，一若虎。其諫我也似子，其道音導。我也似父。是以歎也。」仲尼見之而不言，子路曰：「吾子欲見溫伯雪子久矣，見之而不言，何邪？」仲尼曰：「若夫人者，目擊而道存矣，亦不可以容聲矣。」謂不待言說，只以目相視而意已喻矣。

顏淵問於仲尼曰：「夫子步亦步，夫子趨亦趨，夫子馳亦馳，夫子奔逸絕塵，去速而不見其塵。而回瞠音掌，直目視之也。若乎後矣。」夫子曰：「回，何謂邪？」曰：「夫子步亦步也，夫子言亦言也，夫子趨亦趨也，夫子辯亦辯也，夫子馳亦馳也，夫子言道，回亦言道也。

此以天之有日，喻人之有心。

及奔逸絶塵，而回瞠若乎後者，夫子不言而信，不比而周，不期親而人親之。無器而民蹈乎前，器，名位也。無名位而民歸之。而不知所以然而已矣。」仲尼曰：「惡，可不察與？夫哀莫大於心死，而人死亦次之。日出東方而入於西極，萬物莫不比方，日既明時，物之長短大小皆可盡見。有目有趾者，待是指日。而後成功。是出則存，日出則動而作。是入則亡。日入則休而息。萬物亦然，有待也而死，有待也而生。吾一受其成形，而不化以待盡。自吾一受其成形，即爲物感形累，而不能化以待盡。效物而動，日夜無隙，間斷也。而不知其所終。薰然其成形。知命不能規乎其前丘，知有命矣，人不能規乎前丘，丘，土之高者。規，取則之義，前倏往哲，能不亡以待所生之物者，即前丘也。今我不能規而取則之。以是日徂。以此日近於死。吾終身與汝交一臂而失之，可不哀與？交臂而失，猶云對面不相識也。吾然身與汝交臂而失之，可哀甚矣。所謂哀莫大於心死者，此也。女殆著乎吾所以著也，回殆見乎所可見，而不知有不可見者也。彼已盡矣，而女求之以爲有，道至千無而盡矣，汝乃以有求之。是求馬於唐肆也。唐，市馬之地。肆，無壁之屋。求道於有，見有而不見道，猶求馬於唐肆，見唐肆而不見馬也。吾末句有味，即釋氏謂悟時依舊是故時人，即此意。

敘事起。

前言其樊其風，此言其將，乃變換入法也。

非是也之句，轉甚省力。

服，女也甚忘。吾語汝，隳肢體，黜聰明，服汝也甚忘。女服，吾也亦甚忘。女拳拳服膺，其服我也亦甚忘。雖然，女奚患焉？心何足患。雖忘乎故吾，吾有不忘者存。」故吾者，即求有之吾也。不忘者，即吾所不亡以待夫生之物也。言雖忘乎有，而見到無處，仍是有時道理，其不忘者自存矣。

孔子見老聃，老聃新沐，方將被髮而乾，音干。慹音折，不動貌。然似非人。猶木偶人。孔子優而待之，少焉見曰：「丘也眩與？其信然與？向者先生形體掘若槁木，似遺物離人而立於獨也。」老聃曰：「吾遊於物之初。」孔子曰：「何謂邪？」曰：「心困焉而不能知，口辟焉而不能言。嘗爲女議乎其將，將言近似也。至陰肅肅，至陽赫赫，肅肅出乎天，赫赫發乎地，兩者交通成和，而物生焉，或爲之紀，或造化爲之紀綱。而莫見其形。消息滿虛，一晦一明，日改月化，日有所爲而莫見其功。生有所乎萌，死有所乎歸，始終相反乎無端。而莫知乎其所窮，非是造化。也，且孰爲之宗？」

孔子曰：「請問遊是。」老聃曰：「夫得是至美至樂也，得至美而遊乎至樂，謂之至人。」孔子曰：「願聞其方。」曰：「草食之獸，李、孔授受，莫此爲精。

不疾惡也。易藪。水生之蟲，不疾易淵。行少變而不失其大常也，所以不惡變易者，蓋以藪無異草，澤無異水，地則小變而大常者自在也。喜怒哀樂，不入於胸次。夫天下也者，萬物之所一也。夫人莫不有大常，知大常者，忘乎喜怒哀樂，是大常也，天下萬物一焉者也。得其所一而同焉，則四肢百體將爲塵垢，而死生終始將爲晝夜，而莫之能滑，而況得喪禍福之所介猶云芥蔕。乎？·棄隸者，若棄泥塗，知身貴於隸也。隸謂天下之以勢分相屬者。貴在於我而不失於變，且萬化而未始有極也。夫孰足以患心已？夫何足以累心乎。爲道者解乎此！」身與道一者，解此而已。

孔子曰：「夫子德配天地，而猶假至言以脩心，古之君子，孰能脱免也。焉？」老聃曰：「不然。夫水之於汋也，汋音酌，水之酌取不竭。無爲而才質也。自然矣。至人之於德也，不脩而物不能離焉。若天之自高，地之自厚，日月之自明，夫何脩焉？」孔子出，以告顔回，曰：「丘之於道也，其猶醯雞與？醯雞，醋中蠛蠓也。微夫子之發吾覆也，覆謂包覆於甕中也，發謂啟之也。發覆即啟蒙之意。吾不知天地之大全也。」

是章結以魯國，而儒者一人，尊孔子莫若南華矣。

以下錯舉數事，備言無心感人之致。

莊子見魯哀公，哀公曰：「魯多儒士，少爲先生方者。」莊子曰：「魯少儒。」哀公曰：「舉魯國而儒服，何謂少乎？」莊子曰：「周聞之：儒者冠圜，音員。冠者知天時，履句，音矩。屨者知地形，緩衣帶也。佩玦者事至而斷。君子有其道者，未必爲其服也。爲其服者，未必知其道也。公固以爲不然，何不號於國中曰：無此道而爲此服者，其罪死。」於是哀公號之五日，而魯國無敢儒服者，獨有一丈夫，指孔子。儒服而立乎公門，公即召而問以國事，千轉萬變而不窮。莊子曰：「以魯國而儒者一人耳，可謂多乎？」

百里奚爵祿不入於心，故飯牛而牛肥，使秦穆公忘其賤，與之政也。有虞氏死生不入於心，故足以動人。宋元君將畫圖，衆史皆至，受揖而立，舐筆和墨，在外者半。有一史後至者，儃儃音但，舒閒貌。然不趨，受揖不立，因之舍。公使視之，則解衣褩音盤。礴贏。褩礴，箕踞也。贏，與祿同。君曰：「可矣，是真畫者也。」

文王觀於臧，見一丈夫釣，而其釣莫釣。非持其釣有釣者也，常釣也。臧丈人，太公望也。言此丈人釣矣，而其釣也不釣，蓋非持其釣而以釣爲有此一段把太公事卻如此，妝一別箇話頭。

此言太公之政如此。

事者也。常常如此持竿，自適而已。文王欲舉而授之政，而恐大臣父兄之弗安也，欲終而釋之，而不忍百姓之無天猶云無主。也。於是旦而屬之大夫曰：「昔者寡人夢見良人，黑色而頓，音髯。乘駁馬而偏朱蹄，號曰寓而政於臧丈人，庶幾乎民有瘳乎？」諸大夫蹵然曰：「先君王也。」文王曰：「然則卜之。」諸大夫曰：「先君之命，王其無它，王無生他疑。又何卜焉？」遂迎臧丈人而授之政。典法無更，偏令無出，三年，文王觀於國，則列士壞植散群，不立朋黨。長官者不成德，不自有其功德。斔音瘐。斛不敢入於四竟。音境。言不敢異衡量也。列士壞植散群，則尚同也。長官者不成德，則同務也。斔斛不敢入於四竟，則諸侯無二心也。文王於是焉以爲大師，北面而問曰：「政可以及天下乎？」臧丈人昧然而不應，泛然而辭，朝令而夜遁，終身無聞。信足以及天下，然有心以及天下，非自然也。故太公因其問而遁之，蓋恐不知順天命之自然，而一以有心爲之，則損德多矣。

顏淵問於仲尼曰：「文王其猶未邪？又何以夢爲乎？」仲尼曰：「默，女無言。夫文王盡之也，而又何論刺焉？彼直以循斯須此段爲引文王事結。

伯昏無人信乎不射之射，射之神矣。

南華凡引此等議論，俱插入至人意。

此即得夫無心之意。

也。」文王直以循人情於斯須耳。

列禦寇爲伯昏無人射，引之盈貫，貫鏑也，引弓滿鏑，射之法也。措杯水其肘上，發之，適矢復沓，方矢復寓。當是時，猶象人也。沓，重也。言前矢適去，而後矢復搭。搭者，方發而後來之矢復寓於弦上，如此敏捷如神，而徐觀其身，則如木偶然。伯昏無人曰：「是射之射，非不射之射也。射之射，以巧用。不射之射，以神用也。嘗與汝登高山，履危石，臨百仞之淵，若能射乎？」於是無人遂登高山，履危石，臨百仞之淵，背逡巡，足二分垂在外，揖禦寇而進之。禦寇伏地，汗流至踵，伯昏無人曰：「夫至人者，上闚青天，下潛黃泉，揮斥八極，神氣不變。今女怵然有恂音荀。目之志，爾於中也殆矣夫！」

肩吾問於孫叔敖曰：「子三爲令尹而不榮華，三去之而無憂色，吾始也疑子，今視子之鼻間栩栩音許。然，栩栩，鼻重息而不粗也。子之用心獨奈何？」孫叔敖曰：「吾何以過人哉？吾以其來不可却也，其去不可止也。吾以爲得失之非我也，而無憂色而已矣。我何以過人哉？且不知其在彼乎？其在我乎？其在彼邪？亡乎我。

此又插入真人意。

此即君子所性，不爲加損意。

在我邪？亡乎彼。方將躊躇，方將四顧，何暇知乎人貴人賤哉？」仲尼聞之曰：「古之真人，知者不得説，非辯能説。美人不得濫，非色能淫。盗人不得刧，音劫，非威能屈。伏戲、音羲。黄帝不得友。死生亦大矣，而無變乎己，况爵禄乎？若然者，其神經乎大山而無介，入乎淵泉而不濡，處卑細即貧賤。而不憊，音敗。充滿天地，既以與人己愈有。」推以化人，而用之無盡。

楚王與凡君坐，少焉，楚王左右曰「凡亡」者三，凡君曰：「凡之亡也，不足以喪吾存。夫凡之亡，不足以喪吾存，則楚之存，不足以存存。由是觀之，則凡未始亡，而楚未始存也。」

此段只爲知者不言，言者不知，故妝出許多説話。前後人名地名，皆擬爲之者，大旨形容，直超頓悟之得。

外篇知北遊第二十二

知北遊於玄水之上，登隱弅音紛。之邱，而適遭無爲謂焉。知謂無爲謂曰：「予欲有問乎若：何思何慮？則知道。何處何服？則安道。何從何道？則得道。」三問而無爲謂不答也，非不答，不知答也。知不得問，反於白水之南，登狐闋之上，而睹狂屈焉。知以之言也，問乎狂屈，狂屈曰：「唉！予知之，將語若，中欲言而忘其所欲言。」知不得問，反於帝宮，見黄帝而問焉。黄帝曰：「無思無慮，始知道。無處無服，始安道。無從無道，始得道。」知問黄帝曰：「我與若知之，彼與彼不知也。其孰是邪？」黄帝曰：「彼無爲謂真是也，狂屈似之，我與汝終不近也。」夫知者不言，言者不知，故聖人行不言之教。

道不可致，道不可言致。德不可至，德不可迹求。仁可爲也，義可虧也，禮相去聲。僞也，故曰：失道而後德，失德而後仁，失仁而後莊子以禮爲强世，比之仁義，其迹尤甚，故曰道之華，亂之首。

言生死一理，萬物皆然，而人自分美惡。

此處却是樸實説話，其實有章爲文。

義，失義而后禮。禮者，道之華而亂之首也。故曰：爲道者日損，損之又損之，以至於無爲，無爲而無不爲也。今已爲物也，欲復歸根，歸根，收斂而入於無物也。不亦難乎。其易也，其唯大人乎。言惟大人則易之矣。

生也死之徒，死也生之始，孰知其紀。人之生，氣之聚也，聚則爲生，散則爲死。若生死爲徒，吾又何患？故萬物一也。是其所美者爲神奇，其所惡者爲臭腐。臭腐復化爲神奇，神奇復化爲臭腐。故曰通天下一氣耳，聖人故貴一。

知謂黄帝曰：「吾問無爲謂，無爲謂不應我，非不我應，不知應我也。吾問狂屈，狂屈中欲告我，而不我告，非不我告，中欲告而忘之也。今予問乎若，若知之，奚故不近？」黄帝曰：「彼其真是也，以其不知也。此其似之也，以其忘之也。予與若終不近也，以其知之也。」狂屈聞之，以黄帝爲知言。

天地有大美猶云大功。而不言，四時有明法謂氣候節序。而不議，萬物有成理謂各有成性。而不説，聖人者，原天地之美，而達萬物之承上，遂指本根而言。

形容有道者之狀。

理，是故至人無爲，大聖不作，觀效法。於天地之謂也。今彼神明至精，與彼百化，與彼百化之物。物已死生方員，莫知其根也。凡物之生死萬變，方員異象，莫有知其根者。扁與翩同。然而萬物，自古以固存。惟翩然萬物，而無物之不有，自古固存，而無時之不然已矣。

六合爲巨，未離其內，天地雖大，而此道不離於其內。秋毫爲小，待之成體。秋毫至小，而其體必待之而後成。天下莫不浮沉，終身不故。萬物得此則浮沉上下，日新又新而不已。陰陽四時，運行各得其序，造化得此，則陰陽四時各得其序而不愆。惛音昏。然若亡而存，油然不形而神，萬物畜生育也。而不知，此之謂本根，可以觀於天矣。

齧缺問道乎被音披。衣，被衣曰：「若正汝形，一汝視，天和將至。攝汝知，一汝度，神將來舍。德將爲汝美，爲汝潤身之資。道將爲汝居，汝瞳焉如新生之犢而無求其故。」言未卒，齧缺睡寐，被衣大說，行歌而去之。曰：「形若槁骸，心若死灰，真其實知，言此人實見一理之真。不以故自持，不以事物入於心。媒媒音昧。晦晦，無心而不可與謀，彼何人哉？」彼何人，乃幾於道若此哉。

玄言遠理，讀之神悚。

此章以生道爲主，而下詳言道之本末，又以道不可聞結之，外篇若此章，儘爲精絶。

四句形容徹上徹下，無非此道。

舜問乎丞曰：「道可得而有乎？」曰：「汝身非汝有也，汝何得有夫道？」舜曰：「吾身非吾有也，孰有之哉？」曰：「是天地之委積聚。形也，生非汝有，是天地之委和也，性命非汝有，是天地之委順也，孫子非汝有，是天地之委蜕也。人世相代，如蟬蜕然。故行不知所往，處不知所持，食不知所味，天地之彊陽氣也。彊陽，即健動之義。天地以之而生物者。又胡可得而有邪？」

孔子問於老聃曰：「今日晏間，音閑。敢問至道？」老聃曰：「汝齋戒，疏瀹音藥。而心，通其滯也。澡雪而精神，滌其舊也。掊擊而智。去其知識也。夫道，窅音窈，深奥也。然难言哉。將爲汝言其崖略：崖，邊际也。略，粗略也。夫昭昭生於冥冥，有倫生於无形，精神生於道，形本生於精，而萬物以形相生，故九竅者胎生，指人類。八竅者知生，精禽類。其來無迹，其往無崖，無門無房，無地可尋。四達之皇皇也。邀於此者，索見此道者。四枝彊，康健也。思慮恂達，耳目聰明，其用心不勞，而應物無方。天不得不高，地不得不廣，日月不得不行，萬物不得不昌，此其道與？

此皆極言至道之妙。

數語足祛路旁攘攘之惑。

「且夫博之不必知，辯之不必慧，聖人已斷之矣。聖人已斷道之不在辯博矣。若夫益之而不加益，損之而不加損者，聖人之所保也，此則聖人之保全其性者也。淵淵乎其若海，不可窺測。巍巍乎其終則復始也。不可窮極。運量萬物而不匱，則君子之道，彼其外與？彼其貫乎物之一中，而又出乎物之外與。萬物皆往資焉而不匱，萬物皆往，資生資始，亘宇宙而無終窮。此其道與。」此固自然之道，物之所以爲本根與。

「中國有人至人，焉，非陰非陽，言出入陰陽也。處於天地之間，直且爲人，直寓形爲人乎。將反於宗。將遊於物初也。自本觀之，今自物初而觀之。生者喑醷音蔭意。物也，人之有生，如喑醷之物然，喑，呼吒之聲，醷，氣停息也。雖有壽夭，相去幾何？須臾之説也，人生百年，直須臾之頃耳。奚足以爲堯、桀之是非？」

果蓏有理，言果蓏雖微物，而其大小相綴，亦有自然之理。人倫雖難，所以相齒。人道雖難與果蓏比，然其相齒列亦有自然之字。聖人遭之而不違，過之而不守。聖人知人道之自然，故遭之而無所違，必盡其所當盡，然過矣而化，未嘗苦即以爲守。調和調曲處。而應之，德也。偶偶然無心。而應之，道也。

此皆忘生死之説。

説道最精微。

此段雖是矯激之言，然物無精粗，同出一理，亦是一種説話。

帝之所興，王之所起也。雖帝王興起，不易乎此也。

人生天地之間，若白駒之過郤，隙同。忽然而已，白駒，隙中之光影也。言人生歲月直如隙駒，恍惚須臾已耳。注然勃然，莫不出生也。焉，油然漻音流。然，莫不入死也。焉。已化而生，又化而死，生物哀之，人類悲之。解其天弢，音韜。墮其天袠，音秩。囊亏曰弢，囊衣曰袠。蓋人之有軀殻，如物之有弢袠者，然一受其成形，即爲軀殻所累，死則若解而墮之也。紛乎宛乎，魂魄將往，乃身從之，乃大歸乎。乃如旅人之赴家，此其大歸者乎。

不形之形，形之不形，有不可見之形，雖有形而實不可見。是人之所同知也。非將至之所務也，此理，人皆知之，然却非將至者之所務。此衆人之所同論也。衆論皆如此，而未有能至之者。彼至則不論，論則不至。彼至則不待擬議，待擬議則不至。明見無值，道不可見，若使相遇而後見，猶無遇也。辯不若默。道不可辯，辯不如默。道不可聞，聞不若塞。道不可聞，聞不若無聞。此之謂大得。此之謂默，夫見聞辯説之支離，而於道得矣。

東郭子問於莊子曰：「所謂道，惡乎在？」莊子曰：「無所不在。」東郭子曰：「期指定也。而後可。」莊子曰：「在螻蟻。」曰：「何此又進上一步，而與論無終窮之學。

其下邪？」曰：「在稊稗。」曰：「何其愈下邪？」曰：「在瓦甓。」音壁。曰：「何其愈甚邪？」曰：「在屎音使。溺。」東郭子不應，莊子曰：「夫子之問也，固不及質。正獲之問於監市履豨音僖。也，每下愈況。」莊子曉之曰：夫子之問也，固不及取正於正獲之問監市乎。履豨愈下，則比況愈明，豨，大豕也。履以足蹴之也。蓋豨之肥瘠，蹴其臀則自可知。臀，物之底也，故以爲下。正司市之官，獲其名也。監市猶今之當行者。

汝唯莫必，必，期必也。言汝不必指定道在何處。無乎逃物。天下豈有逃乎物而爲道乎？至道若是，大言亦然，畢竟道與器不相離，故至道若是，至言亦然。周偏咸三者，異名同實，其指一也，周偏與咸三字何異，其意指則一也。嘗相與遊乎無何有之宮，同合而論，無所終窮乎？嘗相與無爲乎，澹而靜乎，漠而清乎，調和調。而閒安閑。乎？寥音遼。已吾志，寥，遠矣，吾之志也。無往焉，而不知其所至，遠則似有所往，而實無所往。無所往也，故不知其所至。去而來，不知其所指，其有去來，則安時處順而不知其所止。吾已往來焉，而不知其所終。吾往來焉，而不知其究竟之何如。彷徨乎馮閎，閎曠也。大知入焉而不知其所窮。彷徨乎馮大閎曠之野，入於大知之中，語入玄奥。

此言道在不言，藏其言而死者，乃所以爲道。

視之二句，明道不在言。

而不知其所窮，所謂與子遊乎無何有之宫，固合而論無所終窮者，意蓋如此。

物物者與物無際，物物者，道也。道無在而無不在，故與物無邊際。而物有際者，所謂物際者也。有邊際者，特所謂物者也。不際之際，際之不際者也，道則不際之際，然非離此物而别謂之道也，特際之不際者耳。謂盈虚衰殺，夫聲所謂際者，謂盈虚也。衰，殺也。皆有兩邊。彼爲盈虚非盈虚，彼爲衰殺非衰殺，彼爲本末非本末，彼爲積散非積散也。道則謂彼爲盈虚也，而非盈虚，謂彼爲衰殺也，而非衰殺，謂彼爲本末也，而非本末，謂彼爲積散也，而非積散，所謂兩在而不測者也。

婀音阿。荷甘與神農同學於老龍吉，神農隱几闔户晝瞑，音眠。婀荷甘日中奓音奢，開也。户而入，曰：「老龍死矣。」神農隱几擁杖而起，嚗音剥。然放杖而笑曰：「天天者，推尊老龍吉之詞。知予僻陋慢訑，音移。故棄予而死。已矣，夫子無所發予之狂言，言無復以大言發我也。而死矣夫。」弇音奄。堈音罔。弔，聞之，曰：「夫體道者，天下之君子所繫宗也。焉，今於道，今神農於道。秋毫之端，萬分未得處一焉，而猶知藏其狂言而死，而猶知老龍之藏其大言而死。又況夫體道者乎？

發語下於是二字，亦是奇處。

四句便是一字千金。

說來頭頭是道。

視之無形，聽之無聲，於人之論者，謂之冥冥，與人論道，而謂之曰冥冥。所以論道而非道也。」

於是泰清問乎無窮曰：「子知道乎？」無窮曰：「吾不知。」又問乎無爲，無爲曰：「吾知道」。曰：「子之知道，亦有數乎？」可歷歷而數乎。曰：「有」。曰：「其數若何？」無爲曰：「吾知道之可以貴，可以賤，可以約，可以散，此吾所以知道之數也。」泰清以之言也問乎無始，曰：「若是，則無窮之弗知與無爲之知，孰是而孰非乎？」無始曰：「不知深矣，知之淺矣。弗知内矣，知之外矣。」於是泰清中而嘆曰：「弗知乃知乎？知乃不知乎？孰知不知之知？」無始曰：「道不可聞，聞而非也。道不可見，見而非也。道不可言，言而非也。知形形之不形乎？道不可形，形之則非道。道不當名。」道不可名，名之則非道。無始曰：「有問道而應之者，不知道也。雖問道者，亦未聞道。道無問，問無應。無問問之，是問窮也，是見窮于是問也。無應應之，是無内也。是應在于外也。以無内待問窮，若是者，外不觀乎宇宙，内不知乎太初。是以不過乎崑崙，不遊乎太此俱形容道之玄妙。

此段與庖丁解牛義同。

虛。」崑崙山最高者，不過乎此，則不能挾日月，凌倒景，而遊乎太虛，以喻無內而待問窮者。

光曜問乎無有曰：「夫子有乎？其無有乎？」光曜不得問，而熟視其狀貌，窅然空然。終日視之而不見，聽之而不聞，搏之而不得也。光曜曰：「至矣，其孰能至此乎？予能有無矣，而未能無無也。予能有無矣，未能并無而無之。及爲無有矣，及爲無所有矣。何從至此哉？」何從而得窅然空然，不見不聞乎哉？

大馬之捶音垂。鉤者，年八十矣，而不失豪芒。大馬，大司馬也。鉤，劍名。捶，鍛也。言大司馬之屬有善捶鉤者，老而精純，無毫芒之失。大馬曰：「子巧與？有道與？」曰：「臣有守也。」守即純氣之守。臣之年二十而好去聲。捶鉤，於物無視也，非鉤無察也。是用之者假不用者也，以長得其用，是皆假不用者以爲用之，是以長得其用。而況乎無不用者乎？用者技也，不用者神也，況乎無不用，而神妙無爲者乎。物孰不資焉？萬事萬物，孰不資賴焉？

冉求問於仲尼曰：「未有天地可知邪？」仲尼曰：「可古猶今

如此問，如此疑，如此答，乃點鐵成金妙訣。

承上意又指撰出一段，即無生無死字，變換話頭耳。

也。」冉求失問而退。明日復見，曰：「昔者吾問：未有天地可知乎？夫子曰：可，古猶今也。昔之昭然，今日吾昧然，敢問何謂也？」仲尼曰：「昔之昭然也，神者先受之。今之昧然也，且又爲不神者求邪？且又爲神靈所昏，若有求而未知者邪？無古無今，無始無終，未有子孫，而有子孫可乎？」言造化之理，生生不窮，如人有子孫，不待有後知者也。冉求未對，仲尼曰：「已矣，未應矣。」未應，謂言至此不必更形于言也。

不以生生死。言人當生之時，其本體在生，不當更作死觀。不以死死生，當死之時，其本體在死，不當更作生想。死生有待邪？其死其生，真當以待之耶。皆有所一體。又此死生變化，皆屬後天形體。有先天地生者物邪？有先天地而生之物邪？物物者非物，物出不得先，故物物者，非物自物出者，有生有死，不得謂之先天地。先天地者，無生死古今始終之謂也。物也猶其有物也。夫天地間之有物也，猶人性空中之有物也。猶其有物也無已，有物則生生無已。聖人之愛人也終無已者，亦乃取於是者也。」即是而觀，聖人之愛人無已者，亦乃取此性空之中，添了愛緣，故今輾轉相續不絕也。此聖人亦有意、必、固、我者。

見理之言，玄哉玄哉。

前言無將無迎，此言與人相將迎，即無爲無不爲，不物乃物物之意。

颜淵问乎仲尼曰：「回嘗聞諸夫子曰：無有所將，無有所迎，回敢問其遊？」將者，承奉之義。迎者，邀致之義。皆應物之涉於有迹者。回問無將無迎，何以得遊，此無心之天乎。仲尼曰：「古之人外化而內不化，外化者，應感無迹也，內不化者，不與物遷也。今之人內化而外不化。與物化者，一不化者也。所以能化物者，心有不化者存也。安化安不化，安所化乎？安所不化乎？安與之相靡？安與之相靡相順而俱化乎？必與之莫多。」必有與之不化而莫勝者乎？

豨常氏之囿，黃帝之圃，有虞氏之宮，湯武之室，君子之人，若儒、墨者師，故以是非相齏音齏。也。而況今之人乎？古之人若豨韋、黃帝、有虞、湯武數聖之學，皆能自成一家，故曰囿圃宮室，與彼儒、墨之中抗顏稱師者，皆不能與物俱化，但見是是非非，互相溷濁，何況今人，抑何怪其然乎？聖人處物不傷物，不傷物者，物亦不能傷也。唯無所傷者，爲能與人相將迎。

山林與，皋壤與，使我欣欣然而樂與。夫人遊山林皋壤之間，既自欣然而樂矣。樂未畢也，哀又繼之，哀樂之來，吾不能禦，其去弗能止。悲夫！世人直爲物逆旅耳。哀樂之來，皆不由己，則我之心特哀樂之旅舍也。

說盡世情。

夫知遇而不知所不遇，夫人但知今日之遇，而不知他日之不遇。知能能而不能所不能。知今日之能遊能樂，而不知他日之不能。無知無能者，固人所不免也。夫務免乎人之所不免者，豈不亦悲哉？至言去言，至言不落於言筌。至爲去爲，至爲不牽於世故。齊知之，所知則淺矣。必欲齊其知之所知，而不能養其所不知，則其知亦淺矣。

雜篇庚桑楚第二十三

雜篇，莊子雜著也。章句有長有短，總之則推本道德，爲《老子》一經之注疏。

老聃之役，謂執弟子之役者。有庚桑楚者，偏獨也。得老聃之道，以比居畏壘之山。其臣之畫然知者去之，其妾之挈然仁者遠之。臣妾指左右之事楚者，畫然，智以经畫爲智，挈然，仁以挈度爲仁者。擁腫之與居，鞅掌之爲使。擁腫、鞅掌，皆朴而無能之貌。居三年，畏壘大穰。歲大豐登。畏壘之民相與言曰：「庚桑子之始來，吾洒然異之。言見其胸次，灑灑有異常人。今吾日計之而不足，歲計之而有餘，庶幾其聖人乎？胡不相與尸而祝之，社而稷之乎？」尸祝、社稷，皆敬祀之意，言何不相與敬祀之，如尸祝，如社稷乎？庚桑子聞之，南面而不釋然，弟子異之，庚桑子曰：「弟子何異於予？夫春氣發而百草生，正得秋而萬寶成。夫春與

老聖絶仁棄智，故學具道者，一皆遠而去之。

俎豆字自尸祝中來。

數句喻言褊小之地，大賢不居，則小人得以恣縱而爲非。

形容屑屑之態，曲盡其妙。

秋，豈無得而然哉？天道已行矣，吾聞至人尸居環堵之室，而百姓猖狂，不知所往。今以畏壘之細民而竊竊焉欲俎豆予於賢人之間，我其杓音的。之人邪？杓之人，以喻褊淺。吾是以不釋於老聃之言。」

弟子曰：「不然，夫尋常之溝，巨魚無所還其體，還，音旋。而鯢鰌音秩。爲之制。主也。步仞之丘陵，世獸無所隱其軀，而蘖狐爲之祥。善也。且夫尊賢授能，先善與利，以善利天下。自古堯、舜以然，而況畏壘之民乎？夫子亦聽矣。」庚桑子曰：「小子來！夫函音含，吞也。車之獸，介而離山，介，獨行也。則不免于罔罟之患。吞舟之魚，碭音蕩。而失水，則蟻能苦之。故鳥獸不厭高，魚鼈不厭深。夫全其形生之人，藏其身也不厭深眇而已矣。且夫子二子指堯、舜。者，又何以稱揚哉？是其於辨也，將妄鑿垣墻而殖蓬蒿也，簡髮而櫛，數米而炊，且夫尊賢授能，善利天下，則堯、舜之事，大道者又何足稱乎？垣墻不可鑿，鑿之則渾朴者傷，蓬蒿不可植，植之則生類者亂，堯、舜之遠於道也，其辨若此，又如簡髮而櫛，數米而炊，斗筲之量，何示弗廣邪？竊竊乎又何足以濟世哉？舉賢則民相軋，爭也。任知則民相盜。之數物者，不足以厚民，民之於利謂天下之患，自堯、舜始，此亦過激之言。

趎謂道已達耳，還有未渾融於心意，故庚桑子復示之云云。

甚勤，子有殺父，臣有殺君，正晝爲盜，日中穴阫。音裴。吾語女：大亂之本，必生於堯、舜之間。其末存乎千世之後，千世之後，其必有人與人相食者也。」

南榮趎音疇。蹵然正坐，曰：「若趎之年者已長矣，將惡乎托業以及此言邪？」庚桑子曰：「全女形，抱女生，無使女思慮營營。若此三年，則可以及此言也。」南榮趎曰：「目之與形，吾不知其異也，而盲者不能自見，耳之與形，吾不知其異也，而聾者不能自聞，心之與形，吾不知其異也，而狂者不能自得。形之與形亦辟矣，今吾之形與人之形，可謂相近矣。而物或間之邪？欲相求而不能相得，今謂趎曰：全女形，抱女生，勿使女思慮營營，趎勉聞道達耳矣。」趎勉聞之，道已達於吾耳矣。庚桑子曰：「辭盡矣，曰：奔蜂不能化藿蠋，音蜀。奔蜂，小蜂也。藿蠋，豆間大青虫也，小蜂安能化大虫？越雞不能伏鵠卵，魯雞固能矣。越雞小，魯雞大，鵠卵非越雞能伏，魯雞則能矣。雞之與雞，其德非不同也，有能與不能者，其才固有巨小也。今吾才小，不可以化子。子胡不南見老子？」

趎獨見，而老子以爲與衆偕來，正釋氏所謂汝胸中正鬧也。

此即是欲絕聖棄智、絕仁棄義之意。

描出牽制無下手處，甚工。

南榮趎贏糧，七日七夜至老子之所。老子曰：「子自楚之所來乎？」南榮趎曰：「唯。」老子曰：「子何與人偕來之衆也？」南榮趎瞿然顧其後，老子曰：「子不知吾所謂乎？」南榮趎俯而慙，仰而歎，曰：「今者吾忘吾答，因失吾問。」老子曰：「何謂也？」南榮趎曰：「不知音智。乎人謂我趎愚，知乎反愁我軀，不仁則害人，仁則反愁我身，不義則傷彼，義則反愁我己，安逃此而可？此三言者，趎之所患也。願因楚而問之。」老子曰：「向吾見若眉睫音接。之間，吾因以得女矣。今女又言而信之。若規規然若喪父母，揭竿而求諸海也。女亡人哉。謂失本心也。惘惘乎，女欲反女情性而無由入，可憐哉。」

南榮趎請入就舍，召其所好，去其所惡，十日自愁，困於心而未得也。復見老子。老子曰：「汝自洒濯，孰熟同。哉言汝自洗濯身心，功夫還熟也未？鬱鬱乎？然而其中津津乎猶有惡也。但見鬱鬱乎其愁，其中津津乎猶有惡也，鬱而有惡，則胸中尚未洒然矣。夫外韄者不可繁而捉，將内揵。音蹇。内韄者不可繆而捉，將外揵。外内韄者，道德不能持，而況下語奇甚。

文怀滚滚，有龍蛇飛走之狀。

放上聲。道而行者乎？」凡人內有所桎，則謂之內韄，外有所桎，則謂之外韄。韄者以皮束物之稱，言人心貴虛，一接於物，則奪於攻取。心受外韄，而繁矣，就此煩擾之中，尋求本體，其如物拒於中，何故內揵而不開，動於欲，則思慮營營，心受內韄而繆矣。就此繆結之中尋求本體，其如外緣難斷何？故外揵而難解，內外交韄，則雖道德有於身者，尚不能以自持，况遵道而行者乎。

南榮趎曰：「里人有病，里人問之。病者能言其病，然其病病者猶未病也。若趎之聞大道，譬猶飲藥以加病也。趎願聞衛生之經而已矣。」老子曰：「衛生之經，能抱一乎？能勿失乎？能無卜筮而知吉凶乎？能止乎？能已乎？止，知止也。已，知足也。能舍諸人而求諸己乎？能翛音肅。然乎？能侗音通。然乎？翛然，無所累也。侗然，無所知也。能兒子乎？兒子終日嗥而嗌音益。不嗄，和之至也。終日握而手不掜，音藝。共其德也。終日視而目不瞚，音瞬。偏不在外也。長哭曰嗥，聲啞曰嗄，卷手曰握，撫手曰掜，目動曰瞬，一而不分曰共，精有所移曰偏。行不知所之，居不知所爲，與物委蛇音移。而同其波，是衛生之經已。」

上章數箇能乎，意便是冰解凍釋矣，然冰凍雖解釋，尚未到湛然澄然地位，故趎聞至人之德，而老聖復告之云云。

又將能兒子乎句，再番衍一段。

南榮趎曰：「然則是至人之德已乎？」曰：「非也，是乃所謂冰解凍釋者，夫至人者，相與交食乎地而交樂乎天，言食樂皆與人同。不以人物利害相攖。音嬰。不相與爲恠，不立詭異。不相與爲謀，不相與爲事，翛然而往，侗然而來，是謂衛生之經已。」

曰：「然則是至乎？」謂我之學當至是已乎？曰：「未也。吾固告汝曰：能兒子乎？兒子動不知所爲，行不知所之，身若槁木之枝，而心若死灰。若是者，禍亦不至，福亦不來，禍福無有，惡音烏。有人災也？」

以下莊子泛言全理。

宇泰定者，發乎天光。宇，心宇也，泰定者，泰然而定。定則生慧矣，故發乎天光。發乎天光者，人見其人，人有脩者，乃今有恒。天光者，不逆不憶，自然先覺，故謂之曰天。人但見其人耳，而不知其即天也。脩而得此，則常德不離矣，故曰乃今有恒。有恒者，人舍歸也。之，天助之。人之所舍，謂之天民。天之所助，謂之天子。

學者學其所不能學也，行得行其所不能行也，辨者辨其所不能辨也，知止乎其所不能知，至矣。至於知，則不必知其所不能知，蓋人知所三「持」字説最精微。

此下又説未能誠己而妄爲者。

此見爲不善者之無所逃。

此甚言券外者之鄙陋。

不能知，則天也。吾人則當以其所知養其所不知，斯得爲知之盛，故止其所不能知，至矣。若有不即是者，天鈞敗之。不即是者，是逆天也，必爲天鈞敗之。敗猶棄也，天鈞猶言鴻鈞。

備物以將形，將，奉也。言人備物以奉其身。藏不虞以生心，思患預防，常恐其有不測之災。敬中以達彼。敬主於中，而通於外。若是而萬惡至者，皆天也，而非人也。不足以滑成，不可内音納。於靈臺。又何足以汩吾之盛德，而累吾之靈臺乎？靈臺者有持，而不知其所持而不可持者也。夫靈臺者有持，有持猶言有主，而不知其所持，而有所不可持者，畢竟無主則虚也。

不見其誠己而發，每發而不當。夫人必有諸中，而後發諸外。今不見其誠己而發，但見每發而不當於理，亦妄發而已。業入而不舍，每更爲失。宜其舍舊而圖新可也，今也業已入於不誠而不能舍，又每每更變以自飾，不知其祇爲失耳。

爲不善乎顯明之中者，人得而誅之。爲不善乎幽閒音閑。之中者，鬼得而誅之。明乎人，明乎鬼者，然後能獨行。人誅謂刑罰，鬼誅謂奪其魄，而益之疚。獨行謂獨修於人所不見之地。

券音勸，即務也。内者行乎無名，券外者志乎期費。期求自利。行此言幾微之害。

乎無名者，惟庸有光。常篤實光輝。志乎期費者，惟賈音古。人也。人見其跂，音其。猶之魁然。人見其跂而高也，以爲渠魁，不知一賈人耳。與物窮者，物入焉。夫與物相終始者，一身入于物欲之中焉。與物且者，彼於物多苟且以求得。其身之不能容，焉能容人？其究必至於喪身，安能容人乎？不能容人者無親，無親者盡人。盡，絶也。

兵莫憯於志，鏌鋣劍。爲下。寇莫大於陰陽，兵莫憯於志，嗔忿之心甚能自戕，而鏌邪爲下，寇莫大于陰陽，衽席之間，而干戈生焉。無所逃於天地之間。非陰陽賊之，心則使之也。然則陰陽男女無所逃於天地之間，陰陽豈能賊人心，貪則自賊耳。

道通其分也，其成也毁也，道者，先天太朴，朴散則分，分則有成有毁，而道未始與之相離，故通其分也，通其成也，通其毁也。所惡去聲。乎分者，其分也以備。所以惡於分者，凡以求備之心累之也。所以惡乎備者，其有以備。所以惡於求備者，其有以備之謂也。故出而不反，見其鬼。故知道者，當其毁不必更求其備于成，當其分不必更求其備於合。如人當其死，不必更求其備於生，故出而不反，見其鬼。鬼者，出而不反之喻。出而得，是謂是死。夫人出而得，是不反之道此言造化之妙。

天門字，因出入字生來。

此便是禪家地位分別。

也。人皆謂是死耳。滅而有實，鬼之一也。豈知死之中而有不死者存，故滅而有實，鬼之一也。以有形者象無形者而定矣。而人事定矣。

出無本，入無竅。出，生出也。入，死而歸也。造化之顯藏默運，無聲無臭，故其出也無本，其入也無竅。有實而無乎處，雖有实理，而無方處之可尋。有長而無乎本剽，剽，末也。歷長久矣，不見乎本末。有所出而無竅者。有所出矣，而不見其孔竅。有實，有實而無乎處者，宇也。有實而無處者，上下四方皆道也。有長而無乎本剽者，宙也。有長而無本末者，往古來今皆道也。按上下四方曰宇，往古來今曰宙。有乎生，有乎死，有乎出，有乎入。入出而無見其形，是謂天門。实有乎生死，出入而不見其形竅者，是虛無自然，謂之天門而已矣。天門者，無有也。萬物出乎無有，天下萬物，皆從無有而出。有不能以有爲有不能以有夫物。有，必出乎無有，有不生於有，而生於無有。而無有一無有，而此無有者，又一無有也。聖人藏乎是，聖人心乎無有。

古之人，其知有所至矣，惡乎至？有以爲未始有物者，至矣盡矣，弗可以加矣。其次以爲有物矣，將以生爲喪也，以生爲旅寓。以死爲反也，以死爲歸真。是以分已。是以有死生之分已。其次曰始無有，此章鄙人之見小而廣，以一體同观之義，意正而語奇絕。

又其次者，則言始而無有。既而有生，生俄而死。以無有爲首，以生爲體，以死爲尻。音韜，尾也。孰知有無死生之一守者？吾與之爲友。是三者雖異，公族也。昭景也，著戴也，甲氏也，著封也。非一也。三者之言雖次第不同，而皆未離於宗，譬則楚之公族，昭氏也、景氏也，以戴而著者也。甲氏也，以封而著者也。戴謂人所推戴。三氏雖分，本之則一公族而已，非一也，而亦何嘗不一哉？

有生黬音掩。也，披然曰移是。嘗言移是，非所言也。言有生聚氣耳，如釜底烟氣，聚而成黶，故凡同類者，舉相似也，何得妄有分別。今披然而日移是，非所言也，披然，解散之貌。移即移氣移體之移，謂變其常也。夫人自有常耳，而嘗言移是，豈言之當乎！

雖然不可知者也。雖然亦有移者，則時之所遭，人不可知也。臘者之有膍音毗。胲，可散而不可散也。取諧其譬，如臘祭之有膍胲，有可散，有不可散者，膍牛之百葉也。足指曰胲，可散謂散置於鼎俎之間，不可散謂分散於人也。觀室者周於寢廟，又適其偃焉。偃，屏側也，又如室之有廟、有寢、有偃觀室者，遍而造之，則見其移祖於廟，移憩於寢，移溲於偃。爲是舉移是，以爲有卑高貴賤之分，爲是舉移是而不知臏胲一體也，廟偃一地也，今人但見其可移耳，而不見其有不可移者在，故嘗言移是非所言也。請嘗言移是。是以生爲本，以知爲師，因以乘是非。請嘗言移是，是以生者爲本，而以其所知者爲師。因乘之以生是非，以生爲本者，謂以己作主，知己之貴則賤人，知己之知則愚人，知己之榮，則辱人。是皆以知爲師。果有名實，因以己爲質，使人以爲己節，因以死償節。乘是非者，用是因實求名，循名責實，謂果有名實，莫不以己爲質，而使人皆取節焉。真至鐘鳴漏盡，以死償節，而猶不悟本來之無我。人心之移，一至於此。今人少得志，便要使人人承奉於我。山林遊戲，行尚辟人，索居閒處，尚御冠服，得非以死償節之謂乎。若然者，以用爲知，音智。以不用爲愚，以徹爲名，以窮爲辱。若然者，是以己之用者爲知，而以人之不用者爲愚，以己之通者爲榮，而以人之窮者爲辱。移是，今之人也，古之達人不作是觀，言移是者，今之人也。是蜩音條。與鷽音學。鳩同於同也。是蜩與鷽鳩，同一自足於枋榆之下者也，何見之小哉？夫惟蜩與鷽鳩，乃同一見，而我不與之同，故曰同其同，鄙亦其矣哉。

蹍展、沓二音。市人之足，則辭以放驁，蹍，沓也，踏市人足，則辭以放驁。兄則以嫗，兄踏弟足，則以氣而嘘，嘔拊之。大親則已矣。父母踏子之足，則併此四六者以下，教人下工夫處。

此即智者行所無事之意。

與嘔拊而忘之。故曰：至禮有不人，至礼質任自然，不見人我而生遜讓。至義不物，至義不待物之裁制，而得其宜。至知不謀，至知自然先覺。至仁無親，至仁無所不愛。至信辟金。至信不待金玉以爲質。

徹志之勃，徹，去也，勃，悖亂也。解心之謬，去德之累，達道之塞。塞，悖也。貴富顯嚴名利六者，勃志也；容動色理理，言之有文理者。氣意六者，謬心也；惡欲喜怒哀樂六者，累德也；去就取予知能六者，塞道也。此四六者，不盪胸中則正，正則靜，靜則明，明則虛，虛則無爲而無不爲也。

道者德之欽也，天下莫不尊道而貴德，故道者爲德之欽。生者德之光也，降本流末，人物乃生，生則品物咸章，而光輝發越矣。故生者爲德之光。性者生之質也，有生者，有生生者，故性者爲生之質。性之動謂之爲，率性而動，則百爲出焉。故性之動謂之爲。爲之僞謂之失。加之以人則僞，僞則所謂失道失德失仁失義之失。

知者接也，知者謨也。知者與物爲搆，而生謨謀者也。知者之所不知，猶睨也。德性之知，有所不知，如赤子之睨然視物，而不起於分別。動以不此段言至人無名。

數語軋茁爭奇。

籠字不得奇。

得已之謂德，其有所動，又皆不得已而后動者，謂之德。動無非我之謂治，動無非真，我謂之治，治謂百官效職，百體從令也。名相反，而實相順也。此其名若相反，而实則相順者也，相順，謂外皆順於内。

羿工乎中微，而拙乎使人無己譽，羿工乎中的，而不能使人無譽乎己。聖人工乎天，而拙乎人。聖人盡乎天道，而不能自晦于人。夫工乎天而俍音良。乎人者，惟全人能之。良即自晦之意。

惟蟲能蟲，天下物有萬不齊，皆謂之虫，惟虫能虫者，謂惟虫能安虫之本然，而無爲也。惟蟲能天，謂惟虫能不失其天性之自然也。全人惡天，若夫全人，則不知何者爲天。惡人之天，不知何者爲人之有别于天乎。而况吾天乎人乎？天與人原不相分别，况吾又何必分别其何者爲天，何者爲人乎。

一雀適羿，羿必得之，威也。威力使然也。以天下爲之籠，則雀無所逃，是故湯以庖人籠伊尹，秦穆公以五羊之皮籠百里奚，是故非以其所好籠之而可得者，無有也。言必因其所好，可籠而致也。如伊尹、百里奚有志於伯王之業，然後湯與穆公得而有之。介者拸畫，外非譽也。介，兀者，畫，畫衣也。拸者，棄意。介者拸華美而弗飾，其心外乎毁譽也。胥靡登高而不欲靜三句，是教人下手工夫，以進於聖人處。

懼，遺死生也。胥靡，刑徒人也，胥靡登危險而無所懼，其心忘乎死生也。

夫復謵不餽而忘人，復謵猶言服習，夫人不能忘情於人，於是始有餽遺，不餽而忘人，則無人之情矣。忘人，因以爲天人矣。有人之形，無人情，非天人乎？故敬之而不喜，侮之而不怒者，惟同乎天和者爲然，出怒不怒，則怒出於不怒矣。出爲無爲，則爲出於無爲矣。欲靜則平氣，欲靜則須平其氣。欲神則順心。欲神則須順其心。有爲也欲當，則緣於不得已，欲有爲而得其當，則必緣於不得已。不得已之類，聖人之道。不得已者，自然也，天也。聖人之道，類是也。

此篇如層峦叠嶂，爭奇獻怪，讀此可新人耳目，長人意見。

此雖論相狗相馬，而相士之道寔寓言表。

雜篇徐無鬼第二十四

徐無鬼因女商見魏武侯，武侯勞去聲。之，曰：「先生病矣。苦於山林之勞，故乃肯見於寡人。」徐無鬼曰：「我則勞於君，君何有勞於我？君將盈嗜欲，長好惡，則性命之情病矣；君將黜嗜欲，掔好惡，則耳目病矣，我將勞君，君有何勞於我？」武侯超然不對，少焉，徐無鬼曰：「嘗語君吾相狗也，下之質，執飽而止，執飽謂以搏執求飽也。是狸德也。中之質，若視日。視日者蒿其日，其心若有思也。上之質，若亡其一，謂併其思而亡之。吾相狗又不若吾相馬也，直者中繩，曲者中鉤，方者中矩，圓者中規，是國馬也，而未若天下馬也。天下馬有成材，若卹音恤。若佚，音逸。若喪其一。卹與失者，惛惛悶悶，全無發揚厲蹈之意。若是者，超軼絶塵，不知其所。」武侯大説而笑。

徐無鬼出，女商曰：「先生獨何以説音税。吾君乎？吾所以説吾君者，横説之則以《詩》《書》《禮》《樂》，從説之則以《金板》《六此處曲體物情，以喻武侯久不聞人言。

弢》，太公兵法也。弢，音韜。奉事王事。而大有功者不可爲數，而吾君未嘗啟齒。今先生何以説吾君？使吾君説若此乎？」徐無鬼曰：「吾直告之吾相狗馬耳。」女商曰：「若是乎？」曰：「子不聞夫越之流人乎？去國數日，見其所知而喜。去國旬月，見所嘗見於國中者喜。及期年也，見似人者而喜矣，不亦去人滋久，思人滋深乎？夫逃虛空者，虛空即空谷也。藜藋柾塞也。乎鼪鼬音生由。之逕，音徑。踉位其空，踉音良，欲行貌。位，處也。言行行目止之時也。聞人足音，跫然而喜矣，而況乎昆弟親戚之謦音磬。欬音骸。其側者乎？久矣夫，莫以真人之言謦欬吾君之側乎？」

徐無鬼見武侯，武侯曰：「先生居山林，食芧音序。栗，厭葱韭，音久。以賓音擯。寡人，久矣夫。今老邪？其欲干酒肉之味邪？其寡人亦有社稷之福邪？」徐無鬼曰：「無鬼生於貧賤，未嘗敢飲食君之酒肉，將來勞去聲。君也。」君曰：「何哉？奚勞寡人？」曰：「勞君之神與形。」武侯曰：「何謂邪？」徐無鬼曰：「天地之養也一，登高不可以爲長，居下不可以爲短，君獨爲萬乘之主，以苦一國之民，以養耳目鼻口，夫神者不自許也。夫神虛靜寂寞，不自用也。夫神者好和而惡姦。亂也。夫姦，病也，故勞之。唯君所病之何也？」人則不病，而君獨病之，何哉？

武侯曰：「欲見先生久矣，吾欲愛民而爲義偃兵，其可乎？」徐無鬼曰：「不可。愛民，害民之始也。有心愛民，則姑息之政行焉，雖曰愛之，其實害之。偃兵，造兵之本也，爲義偃兵，則警備之防弛焉，雖曰偃之，適以造之。君自此爲之，則殆不成。不足以成仁義之美名。凡成美，惡器也。夫美惡之成，皆有迹也。君雖爲仁義，幾且僞哉。形固造形，夫形固有造形者，無形則無造矣。成固有伐，成固有伐之者，無成則無伐矣。變固外戰。變固有外戰者，心平則爭息矣。君亦必無盛鶴列於麗譙之間，無徒驥於錙壇之宮，麗譙，宮樓名。鶴列，陳兵也。徒，步卒也。驥，騎射也，錙壇之宮，祭祀之地也。夫嚴肅之所自，合清虛神明之舍本，宜靖謐以比，心本無生，忽然起念，則是鶴列於麗譙之間，徒驥於錙壇之宮，失常之變，莫此爲甚。故必無盛云云。無藏逆於得，無以巧勝人，無以謀勝人，無以戰勝人。夫殺人之士民，兼人之土地，以養吾私與吾神者，其戰不知孰善？其戰果孰爲勝？勝之惡乎在？勝安在乎？君若勿已矣，脩胸中之誠以應天地之情而勿攖。勿已必欲言之而不止也。謂君若欲言之而不止，則莫若脩吾之誠，以應天地之情，而勿與物攖亂。夫民死已脱矣，夫民各得其生矣。君將惡乎用夫偃兵哉？」

方明寺名，皆是寓言。

黄帝將見大隗乎具茨之山，方明爲御，昌寓音禹。驂乘，張若謵音習。朋前馬，昆閽滑稽後車，至於襄城之野，七聖皆迷，無所問塗。遇牧馬童子問塗焉。曰：「若知具茨之山乎？」曰：「然。」「若知大隗之所存乎？」曰：「然。」黄帝曰：「異哉。小童非徒知具茨之山，又知大隗之所存。請問爲天下。」小童曰：「夫爲天下者，亦若此而已矣，又奚事焉？予少而自遊於六合之内，予適有瞀音茂，目眩也。病，有長者教予曰：若乘日之車，而遊於襄城之野。今予病少痊，予又且復遊於六合之外。夫爲夫下，亦若此而已。予又奚事焉？」黄帝曰：「夫爲天下者，則誠非吾子之事。雖然，請問爲天下。」小童辭。黄帝又問，小童曰：「夫爲天下者，亦奚以異乎牧馬者哉？亦去其害馬者而已矣。」黄帝再拜稽首，稱天師而退。

此承上章勿擾民意，而揭黄帝爲準以一無爲之意。

此一世之趨俗逐物者，是正大議論。

描寫世態之文。

數語總結。

皆羿皆堯之喻，乃力鍼惠子自是之病。

智士無思慮之變，則不樂。辯士無談説之序，則不樂。察士無淩誶之事，則不樂。皆囿於物者也。

招世之士興朝，招世，招搖於世以自見者。興朝，謂興起於朝廷之上。中民之士榮官，中民，務求得民心者。筋力之士矜難，謂勝人所難勝者。勇敢之士奮患，兵革之士樂戰，枯槁之士宿名，得名而止。法律之士廣治，廣其治世之具。禮樂之士敬容，飭其動作之容。仁義之士貴際。貴在遭時。

農夫無草萊之事則不比，和樂。商賈無市井之事則不比，庶人有旦暮之業則勸，百工有器械之巧則壯。壯，精神旺也。

錢財不積則貪者憂，權勢不尤甚也。則夸者悲，勢物之徒樂變。物謂物力，勢即權勢，總上二者，而言樂變，謂喜於更張以自夸耀。

遭時有所用，不能無聲爲也，凡此皆時使然，時有用，不得不爲也。此皆順比於歲，不物於易者也。譬如一歲百物生成，皆順比其序，非物自爲變易者也。馳其形性，若外馳具形，內馳其性。潛之萬物，汩没於萬物之中。終身不反，終身不知歸宿。悲夫！

莊子曰：「射者非前其而中謂之善射，天下皆羿也，可乎？」夫此引魯遽調瑟事證。

射者以鵠爲期，故射必中鵠而後始見其爲巧。若非有前期，則凡舍矢者，皆云善射，而天下皆羿矣，而可乎？惠子曰：「可。」莊子曰：「天下非有公是也，而各是其所是，天下皆堯也，可乎？」天下必有公理，以爲是非之準的，若非有公是，而各是其是，則人人皆堯矣，而可乎？惠子曰：「可。」莊子曰：「然則儒、墨、楊、秉四，秉，公孫龍名。與夫子爲五，果孰是邪？或者若魯遽者邪？其弟子曰：我得夫子之道矣。吾能冬爨鼎而夏造水矣。言其術能冬爨鼎，而冬不寒，夏以水爲冰，而夏不熱也。魯遽曰：是直以陽召陽，以陰召陰，非吾所謂道也。言冬爨鼎而夏造冰，若難矣，然冬至陽氣已生，以陽召陽，則冬不寒矣，以陰召陰，則夏不熱矣。雖違時而有可召之理，其術未爲高，而吾之道却不如是也。吾示子乎吾道。於是乎爲之調瑟，廢置也。一於堂，廢一於室，鼓宫宫動，鼓角角動。音律同矣。夫或改調一弦，於五音無當也，鼓之，二十五弦皆動，未始異於聲而音之君已。言調瑟而置一於堂，置一於室，相夫雖遠，而鼓宫宫應，鼓角角應，音律則同，猶易調也。若夫或改調一絃，於五音有不相合也，乃鼓之二十五弦，一時齊動，而聲未始異，此調之誠難者，必如是而音始高矣。此吾之所謂道也，君者取居高之義。且若是者邪？」魯遽之自是如自此段，足知莊子之善於戲劇。

莊子抱道論辨，惟一惠子可與相闡發，及惠子没，故不能不感慨之。

此，今惠子所是，亦且若此者耶？

惠子曰：「今夫儒、墨、楊、秉，且方與我以辯，相排以辭，相鎮以聲，而未始吾非也，則奚若矣？」相排以辭，謂抗其辭以相諍也。相鎮以聲，謂厲其聲以相壓也，言儒、墨、楊、秉之徒與我相辯若此，而卒屈服於我，未始吾非，則吾之是何如耶？莊子曰：「齊人蹢子於宋者，其命閽也不以完，其求鈃音刑。鍾也以束縛，齊人蹢子於宋以爲閽，其命閽也，不以完，蓋古以刖者守門，故子欲爲閽，則必蹢之而不欲其完，至求鈃鍾，則束之縛之，惟恐缺壞，而不完自恕於己，而求備於物。惠子之與人辯也，亦如是。其求唐子也而未始出域，有遺類矣。又有求唐子者，唐亡也，已亡失則當遠求他郡，今乃求不出境，終亦遺失而已。夫楚人寄而蹢閽者，夜半於無人之時而與舟人鬭，未始離於岑而足以造於怨也。」又楚人寄而蹢閽，夜半逃歸，足未離岸，而即與舟人相鬭，鬭可得乎？吾恐夜半無人之時，必爲舟人所擠，適足造怨而已。此時此地，分明鬭不去矣。今惠子守其一說，而不知深求，與求亡而不出域者何異，然其說終不能行，則亦夜半鬭舟之蹢子耳，可笑哉。

莊子送葬，過惠子之墓，顧謂從者曰：「郢人堊音渥。漫其鼻此段叙桓公與管仲論可與托國者。

端，若蠅翼，堊，白泥也。漫其鼻端若蠅翼，言薄之甚也。使匠斲之，匠石運斤成風，聽而斲之，盡堊而鼻不傷，郢人立不失容。宋元君聞之，召匠石曰：嘗試爲寡人爲之。匠石曰：臣則嘗能斲之，雖然，臣之質死久矣。質爲用巧之地。自夫子之死也，吾無以爲質矣，吾無與言之矣。」此喻必有惠子之强辯，然後我得以其説窮之，自惠子死，則天下無與我相持者，而我亦無與之言矣。

管仲有病，桓公問之曰：「仲父音甫。之病病矣，言病甚也。可不謂云至於大病，則寡人惡音烏。乎屬托也。國而可？」管仲曰：「公誰欲與？」公曰：「鮑叔牙。」曰：「不可。其爲人潔廉善士也，其於不己若者，不比去聲。之。又一聞人之過，終身不忘。使之治國，上且鉤乎君，鉤求於君，以致聲譽。下且逆乎民。其得罪於君也，將弗久矣。」公曰：「然則孰可？」對曰：「勿已則隰朋可。其爲人也，上忘忘勢，而下畔，畔，無求也。愧不若皇帝，皇者脩夫道者也，帝者脩夫德者也。愧人不由夫道德也。而哀不己若者，以德分人謂之聖，以財分人謂之賢，以賢臨人，未有得人者也。以賢下人，未有不得人者也。

矜才炫能者，讀此能無汗背？

此段憫人之求名，而喪實者。

其於國有不聞也，於家有不見也。不聞不見，只是無求名意。勿已則隰朋可。」

吳王浮於江，登乎狙之山，衆狙見之，恂然棄而走，逃於深蓁。有一狙焉，委蛇音移。攫抓，音擾。見音現。巧乎王。王射之，敏給搏捷矢。王命相都趨音促。射之，狙執死。王顧謂其友顏不疑曰：「之狙也，伐其巧，恃其便，以敖音傲。子，以至此殛也，戒之哉。嗟乎，無以汝色驕人哉。」顏不疑歸而師董梧，以鋤其色，色字包得廣，鋤色即鋤去舊習是也。去樂辭顯，三年而國人稱之。

南伯子綦音其。隱几而坐，仰天而噓，顏成子入見，曰：「夫子物之尤也，言夫子於人物之中，稱之爲最。形固可使若槁骸，心固可使若死灰乎？」曰：「吾嘗居山穴之中矣，當是時也，田禾齊君。一覩我，而齊國之衆三賀之。三賀者，賀其得賢也。我必先之，彼故知之，是我必先有以自見，而后彼故知之。我必賣之，彼故鬻之。是我必有以自賣，而後彼故買之。若我而不有之，彼惡音烏。得而知之？若我而不賣之，彼惡得而鬻之？嗟乎！我悲人之自喪者，吾又悲夫悲人者，吾又悲彼之謂以下，莊子斷詞。

此承上大人說下。

夫悲人之悲者，其後而日遠矣。」言惟以悲人之悲自覺，所以道日加進。

仲尼之楚，楚王觴之。孫叔敖執爵而立，市南宜僚受酒而祭，曰：「古之人乎？於此言已。」言古人飲酒，於此率多以言陳善納誨。曰：「丘也聞不言之言矣，未之嘗言，於此乎言之：市南宜僚弄丸而兩家之難解，孫叔敖甘寢秉羽扇也。而郢人投兵，丘願有喙三尺。」凡鳥喙長者多不能言，如鸛鶴之類，有喙三尺。蓋言喙長而道辯不得也。彼之謂指二子。不道之道，此之謂指夫子。不言之辯，故德總乎道之所一，言休乎知之所不知，至矣！」

道之所一者，德不能同也。知之所不能知者，辯不能舉也。名若儒、墨而凶矣。今之以儒、墨名者，類同其所不能同，舉其所不能舉，豈不裂道畔智，而以其學術禍天下哉？

故海不辭東流，大之至也。聖人并包天地，澤及天下，而不知其誰氏？是故生無爵，死無謚，實不聚，名不立，此之謂大人。狗不以善吠爲良，人不以善言爲賢，而況爲大乎？而況有大之名乎？夫爲大不足以爲大，而況爲德乎？而況自然之德乎？夫大備矣，莫若天此重邀樂于天，邀食外地者，意外禍福，非道家所謂祥也。

此真飄遥物外之言。

地，然奚求焉？而大備矣。知大備者無求、無失、無棄，不以物易己也。反己而不窮，循古而不摩，音磨，用力也。大人之誠。

子綦有八子陳諸前，召九方歅音因。曰：「爲我相吾子，孰爲祥？」九方歅曰：「梱也爲祥。」子綦瞿然喜曰：「奚若？」曰：「梱也將與國君同食，以終其身。」子綦索然出涕曰：「吾子何爲以至於是極也？」九方歅曰：「夫與國君同食，澤及三族，而况於父母乎？今夫子聞之而泣，是禦福也，子則祥矣，父則不祥。」子綦曰：「歅，汝何足以識之而梱祥邪？盡於酒肉，入於鼻口矣，而何足以知其所自來？吾未嘗爲牧，而牂音臧，牝羊也。生於奥，室西南曰奥。未嘗好田，而鶉音純。生於宎，音要，室西北曰宎。若勿怪，何邪？吾所與吾子遊者，遊於天地，吾與之邀樂於天，吾與之邀食於地，吾不與之爲事，不與之爲謀，不與之爲怪。吾與之乘天地之誠，而不以物與之相攖，吾與之一委蛇，音移。而不與之爲事所宜。今也然有世俗之償焉。與君同食，是爲世俗還債。凡有怪徵者必有怪行，殆乎！非我與吾子之罪，幾天與之也。吾是以泣也。」無幾何，而使梱之於結言意外之事，以明人不能逃乎形。

此言仁義爲開利之端。

燕，盜得之於道，全而鬻之則難，不若刖音月。之則易，全而鬻之，恐其有足而逃，刖而鬻之，則彼欲逃不能矣。於是乎刖而鬻之於齊，適當渠公之街，臨街之門爲開者也。終身食肉而終。

齧缺遇許由曰：「子將奚之？」曰：「將逃堯。」曰：「奚爲邪？」曰：「夫堯畜畜然仁，吾恐其爲天下笑。後世其人與人相食與？夫民不難聚也。愛之則親，利之則至，譽之則勸，致其所惡則散。愛利出乎仁義，捐仁義者寡，利仁義者衆。夫仁義之行，唯且無誠，且假夫禽貪者器，夫仁義而以誠實行之，則雖無感人，而人尚應之，又况有心爲之。惟且無誠，則貪我之仁義而來者，可勝言哉？貪禽者本無厭心，假之以器，則愈貪而愈無厭矣，器謂網罟罾弋之類。是以一人之斷制利天下，譬之猶一覕音秘。也。以仁義爲利，是猶以一人之斷制利天下，譬之一覕也，覕即割也。言工人以刀斧斷制物料，非不稱利於一覕之須，然一覕則朴散爲器，生意斬然矣。夫堯知賢之利天下也，而不知其賊天下也。夫惟外乎賢者知之矣！」外乎賢，謂高出賢人一等者。

有暖姝者，暖，柔貌。姝，妖貌。有濡需者，有卷婁者。所謂暖姝三刺曲當世俗之弊，而空譬處，今人讀之神竦。

羶行字甚奇。

無甚親疏，即無心天下之意。

者，學一先生之言，則暖暖姝姝而私自説音悦。也，自以爲足矣，而未知未始有物也，是以謂暖姝者也。濡需者，豕蝨音瑟。是也，擇疏鬣，自以爲廣宮大囿，奎蹄曲隈，乳間股脚，自以爲安室利處，不知屠者之一旦鼓臂布草操平聲。煙火，而己與豕俱焦也。此以域進，此以域退，豕蝨擇豕之疏鬣而棲之，自以爲廣宮大囿，奎蹄曲隈，乳間股脚，自以爲安室利處，不知屠者一旦屠其豕，燎其毛，則將與之俱焦也。人之托身權貴，而一旦與同禍者何以異？此故由此域而進者，亦由此域而退。此其所謂濡需者也。卷婁者，舜也。羊肉不慕蟻，蟻慕羊肉，羊肉羶也。舜有羶行，去聲。百姓悦之，故三徙成都，至鄧之墟，而十有萬家。堯聞舜之賢，舉之童土即童山是也。山不生草木曰童。之地，曰：「冀得其來之澤。」堯與舜曰：「冀其方來之澤，可以保我子孫黎民而已。」舜舉乎童土之地，年齒長矣，聰明衰矣，而不得休歸，所謂卷婁者也。

是以神人惡去聲。衆至，即衆人所歸。衆至則不比，去聲。不比則不利也，故無所甚親，無所甚疏，抱德煬養也。和以順天下，此謂真人，於蟻棄智，蟻有慕羶之智，是不能忘情於物也，故於蟻則棄其智。於魚得計，於蟻三句，皆叶韻成文，亦自奇特，表真人之忘情也。

巧言奇辨妙妙。

以下數段皆雜著叙言。

若魚相忘於江湖，則爲計得矣。於羊棄意。羊以氣羶而來，蟻慕之之意，故於羊則當棄其意。以目視目，以耳聽耳，以心復心。人必不爲羶行，無羶行則與物相忘，將使目忘乎色，而所視者惟目。耳忘乎聲，而所聽者惟耳。心忘乎識，而所復者惟心。若然者，其平也繩，其變也循。古今真人，以天待之，不以人入天，無心以待事，不以有心累自然。古之真人得之也生，失之也死，得之也死，失之也生。順生死於自然，不以死生爲得失。

藥也，其實堇音謹。也，桔音結。梗也，雞廱也，豕零也，是時爲帝者也，何可勝音升。言？言誠以藥喻，其實徵矣，堇毒而梗浮，雞補而零利，當其用也，則各爲帝君，爲帝則用之者，得而不用者，失矣，然亦豈有常帝乎哉？即舉數品，其他不可勝言，是可以觀死生得失之故矣。堇，烏頭也。雞廱，即本草所謂芡實。豕零，即猪苓。

句踐也以甲楯三千棲於會稽，惟種也能知亡之所以存，惟種也不知身之所以愁。大夫種，後爲句踐所殺。故曰：「鴟目有所適，鶴脛有所節，解之也悲。鴟梟夜能撮蚤而晝不見丘山，目有所適也。鶴脛長，而解之則悲，是有所節也。節者，止而不過之意。

此戒人不可狥欲喪心。

故曰：風之過河也有損焉，日之過河也有損焉，請只風與日相與守河，而河以爲未始其攖也，恃源而往者也。河也有損，謂枯竭其流也，然此三者日與相守，而河未嘗其攖亂者，以水有源本故也。

故水之守土也審，審，猶定也。影之守人也審，物之守物也審。水得土則相守而不流，故曰守土也。審影之長短，反側一視乎人，故曰守人也。審物則之，以氣類相守，如磁石吸鐵，貍犬守鼠，陽燧取火，方諸取水，皆要一定而不移，故曰物之守物審。

故目之於明也殆，五色令目眩也。耳之於聰也殆，五聲令人耳聾也。心之於殉也殆，狥人欲則心喪也。凡能其於府也殆，凡一有所能者，皆足以殆於靈府。殆之成也不給改，殆一成則不及改。禍之長也茲萃，禍之來也茲多矣。其反也緣功，其殆也由人力自取。其果也待久。其殆之果成也，又非朝夕之故。而人以爲己實，而人不以爲殆也，以爲吾實當有是耳。不亦悲乎。故有亡國戮民無已，其爲是言也，是以殆成禍萃亡國戮民而無已。不知問是也。不知講求乎是者也。

故足之於地也踐，雖踐，恃其所不蹍而後善博也。故足必取踐於大陰等字，皆莊子自命爲大一者。

從上補下意來。

地，雖有所踐而不踐之，地踐者取資焉，故恃其有不蹍之地而后行者，得博取遠致之功也。人之知也少，雖少，恃其所不知而後知天之所謂也。人之知物，所知幾何，雖所知無幾，亦恃其心領神會，有所超於知之外者，而后知天之所謂也。知大一，知天之所謂者，知其有大一也。知大陰，知其有大陰也。知大目，知其有大目也。知大均，知其有大均也。知大方，知其有大方也。知大信，知其有大信也。知大定，知其有大定也。至矣。是皆天之所謂者，至矣盡矣，無餘蘊矣。大一通之，大一未始有物，可以心潛乎之。大陰解之，大陰則至靜無感，可以心融解之。大目視之，大目則可容吾視矣。大均緣之，大均則可緣而求矣。大方體之，大方則可兼而體矣。大信稽之，大信則可稽其方動之期。大定持之。大定則可持其有常之柄。

盡有天，人事盡，則天理見。循有照，循自然，則理明。冥有樞，冥冥中有樞要。始有彼，無物之始，必有物以始之。則其解之也似不解之者，其知之也似不知之也，不知而後知之。惟以不知爲知，乃真知也。其問之也不可以有崖，而不可以無崖。欲問造化之理也，不可爲有崖際，亦不可爲無崖際。頡絜同。滑有實，頡頏旋轉，似無物而實有。古今不伐，只「不惑」二字，撰出數句，以結一篇之文。

而不可以虧，自古及今，無代易，亦無虧損。則可不謂有大揚搉音角。乎？於此不可有大商確乎？闔盍同。不亦問是已，盍亦問是而已。奚惑然爲，奚以惑然爲哉。以不惑解惑，以此不惑之實理，解我妄惑之邪見。復於不惑，復歸於實際而不惑。是尚大不惑。夫是之謂大不惑也。

彭陽好進，故以隱者語之，欲其自悟也。

凍暍二喻甚佳。

所稱聖人，似暗指公閱休。

雜篇則陽第二十五

則陽彭陽字。遊於楚，夷節言之於王，王未之見。夷節歸，彭陽見王果曰：「夫子保不譚音談。我於王？」王果曰：「我不若公閱休。」彭陽曰：「公閱休奚爲者邪？」曰：「冬則擉音提。鼈於江，夏則休乎山樊。有過而問者，曰：「此予宅也。」夫夷節已不能，而況我乎？吾又不若夷節，夫夷節之爲人也，無德而有智，無恬退之德，而有干進之智。不自許，以之神其交，固顛冥乎富貴之地，若苟不以氣節自許，而與之滑和，以神其交則其氣味之所薰，必將顛倒昏昧於富貴之地。非相助以德，相助消也，非徒無益，實相損也。夫凍者假衣於春，人若凍而無衣，則暴於春陽而自煖。暍音謁。者反冬乎冷風。傷暑而成暍，則披於冷風而自寒。夫楚王之爲人也，形尊而嚴，其自處也尊而嚴。其於罪也，無赦如虎。其處人也刻而猛。非佞人正德，其孰能撓焉？非有辨才正德，誰能動之？故聖人其窮也，使家人忘其貧。其達也，使王公忘爵祿而化卑。化尊爲卑。

父子之宜三句，文法倒用。

此言聖人盡性致命之法。

其於物也，與之爲娛矣。其於物也，樂與之群而無猜忌。其於人也，樂道之通而保己焉。其於人也，樂人之通而無自失。故或不言而飲人以和，與人并立而使人化。其處鄉國，則和氣之所薰蒸，有不言而自醉，并立而自化者。父子之宜，彼其乎歸居，而一閒音閑。其所施。彼其歸而居乎家，則父子以宜，而一家之中咸順其所施。其於人心者，若是其遠也。此之於人，其度量相越遠矣。故曰：待公閱休。」

聖人達綢繆，周盡一體矣，而不知其然，性也。聖人以天地萬物爲一體，故其達綢繆以盡一體之愛者，似乎有心，而不知其出於天性之自然者也。復命搖作而以天爲師，夫性根極於命者也，盡性則致命矣，故聖人復命動作，而以天爲師，一如天之普物而無心者焉。人則從而命之也。以天爲師，謂聖人爲天可也，而猶曰人者，因其有形而命之也。

憂乎知，音智。而所行恒無幾，庸人師心，故嘗憂乎知之所不及者，以百年而作萬年之計，不知百年之中所行幾何。時其有止也，若之何？我方欲行，而死生之期其有以上之矣。然則我若之何哉？不若師天之爲得也。

生而美者，人與之鑑，不告則不知其美於人也。若知之，若不此因鑑美之喻，而及聖人愛人之名。

喻中生喻，真奇絕文字。

此終師天之說。

知之，若聞之，若不聞之，其可喜也終無已，雖若不知不聞，而其美自在，其可喜也終無已。人之好之亦無已，人之好其美也，亦無已。性也，此皆自然而然，故曰性也。聖人之愛人也，人與之名，不告則不知其愛人也。若知之，若不知之，若聞之，若不聞之，其愛人也終無已。人之安之亦無已，性也。

舊國舊都，望之暢然，雖使邱陵草木之緡音昏。入之者十九，十亡其九。猶之暢然，況見見聞聞者也，況見如所見，聞如所聞者乎？十仞之臺縣衆間去聲。者也。喻諸其暢以十仞之臺，而縣衆間者也，十仞，臺之至高者，臺高則音聲四達衆間，即合止柷敔笙鏞，以間之間，所聞所見，若此則一時耳目何如哉？

冉相氏古聖君。得其環中以隨成，與物無終無始，無幾無時，日與物化者，一不化者也。闔盍同。嘗舍之？環中虛浄無物之處，真空之本體也。得此以隨萬物之成，則無始無終，無幾無時，日與物化，而彼一不化者，以爲之樞組，盍亦嘗舍是乎？舍之言亡也。

夫師天而不得師天，與物皆殉。其以爲事也，若之何？夫人皆曰以天爲師矣，而不得師天，徒私心以殉夫物，則其爲事也將若之何哉？夫聖人未始此錯舉成湯、仲尼，一則反之聖，一則集大成之聖，意亦精到。

魏非齊敵，而犀首敢出大言，以故季子恥之，而以築城爲喻。

有天，未始有人，未始有始，未始有物，與世偕行而不替，廢也。所行之備而有洫，泥也。其合之也，若之何？則其與天合一，爲何如哉？

湯得其司御，司御，猶云司牧，言天以湯爲牧民之君也。門尹登恒爲之傅之。尹疑伊尹，恒疑作衡，傅爲師傅以教民也。言天又命尹登阿衡以任教民之職也。從師而不囿，得其隨成。師，衆也。囿，拘也。言其教民一從衆人之欲，而不拘人之必從，得其隨成之道而已矣。爲之司其名，其曰爲之司御者，名焉而已，湯不願得也。之名嬴法，此名在世間，是嬴剩之物也。得其兩見，名一立則必有高下相傾，長短相形，天下皆落於兩見之中，又奚以名爲哉？仲尼之盡慮，爲之傅之。故仲尼無意、必、固、我，盡去思慮，爲之立教人之法，思慮且無，況名乎？名不立，又安有兩見乎？容成氏曰：「除日無歲，無内無外。」是以容氏有言曰：除日則無歲矣，無内則無外矣，無内外則無思慮無名想，是師天之道也。

魏瑩梁惠王。與田侯牟齊威王。約，田侯牟背之，魏瑩怒，將使人刺之。犀首官名，時衍爲之。聞而恥之，曰：「君爲萬乘之君也，而以匹夫從讎。衍請授甲二十萬，爲君攻之，虜其人民，繫其牛馬，使其君内熱發於背，然後拔其國。忌也出走，畏忌而走。然後抶音秩。其惠子聞莊子有求道之說，故薦戴晉人而見之王，晉人，有道者也。

此中皆設爲奇詭之辨。

背，折其脊。」季子聞而恥之，曰：「築十仞之城，城者既十仞矣，則又壞〔一〕之，此胥靡之所苦也。胥靡者，城□舂也。今兵不起七年矣，此王致王。之基也，衍，亂人，不可聽也。」華子聞而醜之，曰：「善言伐齊者，亂人也，善言勿伐者，亦亂人也。謂伐之與不伐亂人也者，又亂人也。」君曰：「然則若何？」曰：「君求其道而已矣。」道則無大小强弱，而戰爭之事皆無足論矣。

惠子聞之，而見戴晉人。戴晉人曰：「有所謂蝸音戈，蝸牛也。者，君知之乎？」曰：「然。」「有國於蝸之左角者，曰觸氏。有國於蝸之右角者，曰蠻氏。時相與爭地而戰，伏屍數萬。逐北旬有五日而後反。」君曰：「噫！其虛言與？」曰：「臣請爲君實之。君以意在四方上下有窮乎？」君曰：「無窮。」曰：「知遊心於無窮，而反於通達之國，若存若亡乎？」君曰：「然。」曰：「通達之中有魏，於魏中有梁，於梁中有王，王與蠻氏有辨乎？」君曰：「無辨。」客

〔一〕「壞」，原作「懷」，據《續古逸叢書》所收宋本《南華真經》改。

大意謂就此有道之人，欲說仁義道德，皆難于言矣。

此言登極者之有隱德。

室虛句，即至則行矣之意。

出，而君惝音敞。然若有亡也。客出，惠子見，君曰：「客，大人也。聖人不足以當之。」惠子曰：「夫吹管也猶有嗃音鶴，管聲。也，吹劍首者，吷音血，無聲也。而已矣。管孔小，猶以形氣相戛而有聲，若劍首之環，吹之則吷然過矣，不得有聲也。堯、舜，人之所譽也，道堯、舜於戴晉人之前，譬猶一吷也。」謂無所容其聲也。

孔子之楚，舍於蟻邱地名。之漿，賣漿者。其鄰有夫妻臣妾登極者，登極，乘屋也。言其鄰有夫妻爲人臣妾，而與人升屋者。子路曰：「是稯稯音總，髮不齊貌。何爲者邪？」仲尼曰：「是聖人僕也。言其聖德，而隱於僕隸中也。是自理於民，自藏於畔。自處於人畔。其聲銷，不求聲名。其志無窮。其口雖言，其心未嘗言。方且與世違，而心不屑與之俱。是陸沉者也，是陸而沉者也，陸而沉，謂當見而反隱者。是其市南宜僚耶？」僚，勇士，楚白公將入亂，使人召僚，僚不應，協之以劍，弄丸如故。後白公殺子西，而難不及僚。其人必自守而不慕人爵之榮者，故夫子以律是人。子路請往召之，孔子曰：「已矣。彼知丘之著知也。於己也，知丘之適楚也，以丘爲必使楚王之召己也，彼且以丘爲佞人也。夫若然者，其於佞人也，羞聞其言，而此段封人以治田喻政，莊子却借其言，以明養身之道。

况親見其身乎？而何以爲存？」言其必去也。子路往視之，其室虚矣。

長梧封人問子牢曰：「君爲政焉勿鹵莽，治民焉勿滅裂。昔予爲禾，耕而鹵莽之，則其實亦鹵莽而報予。芸而滅裂之，其實亦滅裂而報予。鹵莽，土塊大則草根盛也。滅裂，滅善類而地膚坼也。皆耕耨不善之病。予來年變齊，變易舊法。深其耕而熟耰之，其禾繁以滋，予終年厭飧。」莊子聞之曰：「今人之治其形，理其心，多有似封人之所謂。遁其天，遁其自然之夫。離其性，滅其情，亡其神，以衆爲。人多如此。故鹵莽其性者，欲惡之孽爲性。萑葦蒹葭。萑葦音丸偉，蒹葭音兼加，皆蘆屬。始萌以扶吾形，扶，助也。尋擢吾性。尋，斬也。擢，拔也。並潰漏發，潰謂内潰，漏則諸竅不收，發則癰腫膿血。不擇所出，漂疽疥癰，内熱溲膏是也。」故鹵莽其性者，克治功疏，虚靜之中，忽有欲惡生孽。爲性萑葦，兼葭始萌，以扶吾形，而耳目口鼻充满色塵。尋而擢拔吾性，離其本位，於是有潰者漏者發者，百病交攻，不擇所出，若漂疽疥癰，則發也，内熱則潰也，溲膏則漏也，蓋性失其養，則形神與之俱病，理之自然，無足異者，此便是鹵莽之報。

栢矩學於老聃，曰：「請之天下遊。」老聃曰：「已矣，天下猶此言民窮而盜起。

此段慨思古聖責己，而不求諸人，以嘆本之不然。末言於誰責而可乎，意極婉切。

此以伯玉之進德者爲言。

是也。」又請之，老聃：「汝將何始？」曰：「始於齊。」至齊，見辜人焉，推而强之，解朝服而幕之，號天而哭之，曰：「子乎子乎！天下有大菑，子獨先離音罹。之。曰：莫爲盜，無乃爲盜乎。莫爲殺人。無乃殺人乎。榮辱立然後睹所病，貨財聚然後睹所爭。今立人之所病，聚人之所爭，窮困人之身，使無休時。以名利役人，使之自困，無時而已。欲無至此，欲其不盜不殺。得乎？古之君人者，以得爲在民，以失爲在己，以正爲在民，以枉爲在己。故一形有失其形者，一人有不得其上者。退而自責。今則不然，匿爲物而愚不識，匿其情以爲物軌，而以愚不識之民。大爲難而罪不敢，大爲難能之事，而罪人之不敢向前者。重爲任而罰不勝，重爲難勝之任，而罰人之不勝任者。遠其塗而誅不至。遠其道塗，而誅人之不旦夕至者。民智力竭，則以僞繼之。日出多僞，士民安取不僞？爲人上者，日出多僞，民有不以僞應之哉？夫力不足則僞，知不足則欺，財不足則盜，盜竊之行，於誰責而可乎？」

蘧伯玉行年六十而六十化，未嘗不始於是之，而卒詘之以非也。未知今之謂是之非五十九非也？

此段表靈公得謚之由。

萬物有乎生?·而莫見其根,有乎出,而莫見其門。人皆尊其知之所知,而莫知恃其知之所不知而後知,可不謂大疑乎?·知之所知者,如有目則能視,有耳則能聽,有口則能言,有身則能動。人皆尊之,而有超於形體之外,以主張綱維乎?·其間者是謂知之所不知,是必恃之而後能知也。此而不知尊之,可不謂大惑乎哉?·已乎已乎。且無所逃。此已乎已乎,誰能逃此而爲知者乎。則所謂然與音餘。然乎?·則所謂然與其信然矣乎?

仲尼問於太史大弢、音韜。伯常騫、狶韋曰:「夫衛靈公飲酒湛樂,不聽國家之政,田獵畢弋,不應諸侯之際,交際。其所以爲靈公者,何邪?」大弢曰:「是因是也。」此亦因國人所是也。伯常騫曰:「夫靈公有妻三人,同濫而浴,史鰌奉御而進所,搏幣而扶翼。謂於濫浴之時史魚推御公,恐賢者見之,故進所搏之幣扶而翼其左右,以自蔽也。其慢若彼之甚也,見賢人若此其肅也,是其所以爲靈公也。」狶韋曰:「夫靈公也,死卜葬於故墓,不吉,卜葬於沙邱而吉。掘之數仞,得石槨焉。洗而視之,有銘焉,曰:「不馮音憑。其子,靈公奪而埋之。」謂此地子孫不足憑藉,將有靈公奪葬,蓋古人多有讖詞,地下之銘是也。夫靈公之爲此段專闢同異兩見，只以不執不距作主。

靈也久矣。之二人，何足以識之？

少知問於太公調曰：「何謂邱里之言？」太公調曰：「邱里者，合十姓百名而以爲風俗也，合異以爲同，散同以爲異。今指〔一〕馬之百體而不得馬，而馬係於前者，立其百體而謂之馬也。譬之馬，相散爲百體，立爲一體，散則其異，而立則其同也。然而百體無馬，立爲一體，然后稱焉，正喻異不見道，合而爲同，方始見道。是故邱山積卑而爲高，江河合水而爲大，大人合并而爲公，是以自外入者有主而不執，由中出者有正而不距，四時殊氣，天不賜天不爲恩。故歲成，五官效職，君不私故國治，文武大人不賜故德備。萬物殊理，道不私故無名。無名故無爲，無爲而無不爲。時有終始，世有變化，禍福淳淳，事之禍福，淳淳流行。至有所拂者而有所宜。有所拂於彼者，而或宜於此。目殉殊面，若以我見自殉，則事理之變，如人之各殊其面。有所正者有所差，有所正者，必有所差，惡能盡同乎。比於大澤，百材皆度，觀乎大山，木石同壇。百材非異乎，而同度於大

〔一〕「指」，原作「楷」，據宋本《南華真經》改。

此証言道之無異同。

此因問萬物所生而示之。

澤之中。木石非異乎，而同萃於大山之上。則同中有異，而異之未始不爲同也見矣。此之謂邱里之言。」

少知曰：「然則謂之道，足乎？」太公調曰：「不然。今計物之數，不止於萬物而期曰萬物者，以數之多號而讀之也。是故天地者，形之大者也。陰陽者，氣之大者也。道者爲之公，天地陰陽，皆可言道也。因其大以號道之名號。而讀之則可也，已有之矣，乃將得比哉？道本無名相，非有同異，既已有同異矣，乃得比於道乎哉？則若以斯辯，譬猶狗馬，狗馬自有大小。其不及遠矣。」

少知曰：「四方之內，六合之裏，萬物之所生惡起？」太公調曰：「陰陽相照蓋相治，四時相代相生相殺，欲惡去就，於是橋橋，拱然狀。起。雌雄片音判。合，於是庸有。庸，常也。安危相易，禍福相生，緩急相摩，聚散以成。此名實之可紀，精精微。之可志〔一〕也。隨序之相理，時序相隨，各有條理。橋運之相使，氣運橋起，若或使然。窮則反，

〔一〕「志」，原作「忘」，據宋本《南華真經》改。

此言季真接子之議，皆未免於物。

終則始，此物之所有。此物理之所有，乘氣機以出入者也。言之所盡，知之所至，極物而已。雖言之之盡，知之之至，不過説個物而已。覩道之人，不隨其所廢，不原其所起，此議之所止。」知道之人，以道無名相，安有廢起，只説到未始有始也者，此處方爲究竟。

少知曰：「季真之莫爲，接子之或使，季真、接子，二人名。二家之議，孰正當也。於其情？孰偏於其理？」太公調曰：「鷄鳴犬吠，是人之所知，雖有大智，不能以言讀其所自化，又不能以意度也。其所將爲。斯而析〔一〕之，就此理而析之。精至於無倫，精，小也。大至於不可圍。與禦同。或之使，莫之爲，未免於物而終以爲過。未免爲物所囿，而終有失言之過。

「或使則實，莫爲則虛。有名有實，是物之居。無名無實，在物之虛。可言可意，言而愈疏。大抵曰有曰無，皆可以言傳意度，而去道疏遠矣。

「未生不可忌，禁也。已死不可阻。違也。死生非遠也，理不可

〔一〕「析」，原作「折」，據宋本《南華真經》改。

俱是番辨，或使莫爲之末離乎物。

結意正以答少知兩家之問。

覩。或之使，莫之爲，疑之所假。世人之疑，方假此而起。吾觀之本，其往無窮。吾求之末，其來無止。無窮無止，言之無也。與物同理，但泥于無言，方可合萬物爲一理。或使莫爲，言之本也。與物終始，推求其本，皆未能遠離于物。道不可有，有不可無，既謂有，安得而無之。道之爲名，所假而行。道之爲名，必有假之而行世者矣。或使莫爲，在物一曲，皆泥物而在于一偏。夫胡爲於大方？安得謂之大道。言而足，則終日言而盡道。言而不足，則終日言而盡物。道，物之極，言默不足以載。非言非默，議其有極。」道物之極，言默不足以載道，既不要有言，又不要無言，然則如何而可？在非言非默上，自有極處耳。

南華全經分章句解卷四

輪山鰲海陳榮選撰　七世孫廷信藩伯、廷尹達伯重梓

雜篇外物第二十六

外物不可必，外物謂外求之禍。故龍逢誅，比干戮，箕子狂，惡來死，桀紂亡，人主莫不欲其臣之忠，而忠未必信，故伍員流於江，萇弘死於蜀，藏其血，三年而化爲碧。子胥，吴臣，被戮，裹以鴟夷之皮，沉之於江。萇弘，周靈王時臣，被放歸蜀，刳腸而死，蜀人哀之，藏其血於地，三年化爲碧玉。人親莫不欲其子之孝，而孝未必愛，故孝己憂而曾參悲。孝己，殷高宗之子，逐於後母。曾參爲父芸瓜，誤斷其根，大杖，幾死，故以爲有憂悲之事。

此段見人當爲其所當爲，而不可必其所難必。

木與木相摩則然，以木摩木，則木必然。金與火相守則流，以火攻金，則金必鎔。陰陽錯行，則天地大絯，音駭。於是乎有雷有霆，水中有火，乃焚大槐。若陰陽錯雜，則天地之氣鬱而不伸，於是有雷擊霆奮，水中起火，乃焚大槐。槐者，東方之木，老而生火。

此論造化五行，暗影人事。

有甚憂兩陷而無所逃，不知道者，不耐世，故有甚憂而陷於利害之中，而無所逃遁。螴蜳音陳淳。不得螴螴淳淳，坐亦不安，睡又不寧。成，心若縣音玄。於天地之間，若將此心縣於天地間。慰暋音昏。沈屯，鬱昏迍邅，不自解脱。利害相摩，交戰於利害之場。生火甚多，心火日熾，不可撲滅。衆人焚和，衆人之自焚其天和如此。月固不勝火，惟焚和，則是水不勝火。於是乎有僓音頹。然而道盡。於是乎有衰斃，而生道盡絶矣。

莊周家貧，故往貸粟於監河侯。監河侯曰：「諾，我將得邑金，將貸子三百金，可乎？」莊周忿然作色曰：「周昨來，有中道而呼者，周顧視，車轍中有鮒魚鮒音附。焉。周問之曰：『鮒魚來，子何爲者邪？』对曰：『我東海之波臣水言。也，君豈有升斗之水而活我哉？』周曰：『諾，我且南遊吳越之王，激西江之水而迎子，可乎？』鮒魚忿然作色曰：『吾失我常與，謂失我常相與者，指水而言。我無所處，吾得升斗之水然活耳，君乃言此，曾不如早索我於枯乾也。魚之肆。』」

任公子爲大鉤巨緇，五十犗以爲餌，犗，音界，巨緇，大黑索也。犗，犍

此段欲人靜消心火。

月字下得奇，月即水也。

莊周言邑金不足以濟目前之急，故以鮒魚爲喻。

喻言有大抱負者，必有大設施者，必有大成就。

文氣跌宕，直與巨魚爭雄。

此段言儒以詩禮名家，而以剽竊古人緒餘爲教，是直盜儒耳，讀此令人泚顙。

牛也。蹲乎會稽，投竿東海，旦旦而釣，期年不得魚。已而大魚食之，牽巨緇，錎音舀。没而下，騖揚而奮鬐，音技。白波若山，海水震蕩，聲侔鬼神，憚赫千里，任公子得若魚，離剖也。而腊音昔，乾肉也。之，自淛河以東，蒼梧以北，莫不厭飽飫。若魚者。已而後世輇音權，小也。才諷説之徒，皆驚而相告也。夫揭竿累，累，小繩也。趣灌瀆，田中灌水之瀆。守鯢鮒，皆小魚。其於得大魚難矣。飾小説以干縣縣，音玄。令，縣令，謂縣賞令以待言者。其於大達亦遠矣，是以未嘗聞任氏之風俗，其不可與經於世亦遠矣！

儒以《詩》《禮》發冢，借喻以《詩》《書》聖賢之言文其奸者。發冢，發人冢也。大儒臚傳自上語下曰臚言。曰：「東方作矣，事之何若？」相與從事若何。暗指發冢之事。小儒曰：「未解裙襦，口中有珠。《詩》固有之，曰：『青青之麥，生于陵陂。生而不布施，去聲。死何含珠爲？』」小儒言未須解其裙襦，口中有珠在焉。又引《詩》爲証。《詩》有之曰「青青之麥，生於陵陂」，興也。「生不布施，死何含珠」，言人生前不知重義樂施，死猶極其金珠，以爲地下含銅臭之夫，鄙吝若此，以下云云，相與計議取珠之法。接其鬢，擪音壓。其顪，音歲。儒以老萊子弟子形容夫子狀貌，盡於三語，末句似得聖人之心，非具絶塵眼，未易道也。

金堆控其頤，徐別其頰，無傷口中珠」。脣上曰鬚，頤下曰顪，口旁曰頤，頤旁曰頰。接，撮也。擪，以手按之也。控，別開也。

老萊子之弟子出薪，出而採薪。遇仲尼，反以告，曰：「有人於彼，脩上而趨下，末僂而後耳，視若營四海，脩上，上長也。趨下，下促也。末僂，背微僂也。後耳，耳貼腦後也。自若營四海，蒿目而憂當世之患也。不知其誰氏之子？」老萊子曰：「是丘也。召而來。」仲尼至，曰：「丘，去汝躬矜，矜持。與汝容智，容，動容。智，思慮。斯爲君子矣。」仲尼揖而退，蹙然改容而問曰：「業可得進乎？」老萊子曰：「夫不忍一世之傷，而驁音敖，放心也。萬世之患，抑固窶邪？汝之窮，其固然邪？亡其略有弗及耶？抑其經略有所不及邪。惠以歡爲，驁終身之醜，天以恩惠結人之歡心，而驁然自得者醜也。中民之行進焉耳。庸民之行，務此焉耳。相引以名，相結以隱。相結以心腹。與其譽堯而非桀，不若兩忘而閉其所譽。反無非傷也，動無非邪也，今之人皆曰吾將反斯世於唐虞，而不知反之無非傷也，皆曰吾將鼓舞振作乎民，而不知動之無非邪。聖人躊躇以興事，以每成功。聖人無心興事，往往見其事功。奈何哉？其載焉終於爾。」今汝也奈何此章重智有所困，神有所不及，謂既名之以智，則有所窮，惟任自然，則無不善矣。

總結在此數語。

此言小智之害。

哉？不忍一世之傷，而以天下之事自任哉？終見其矜持費力焉耳。

宋元君夜半而夢人被髮闚阿門，曰：「予自宰路之淵，予爲清江使去聲。使河伯之所，漁者余且得予。」元君覺，使人占之，曰：「此神龜也。」君曰：「漁者有余且乎？」左右曰：「有。」君曰：「令余且會朝。」明日，余且朝，君曰：「漁何得？」對曰：「且之網得白龜焉，其圜五尺。」君曰：「獻若之龜。」龜至，君再欲殺之，再欲活之，心疑，卜之，曰：「殺龜以卜吉。」乃刳龜，七十二鑽占之七十二次。而無遺策。音莢。仲尼曰：「神龜能見夢於元君，而不能避余且之網，智能七十二鑽而無遺策，不能避刳腸之患。如是則知有所困，神有所不及也。」

雖有至智，萬人謀之。雖有至智，亦須畢舉群策，而後爲謀允臧 魚不畏網，而畏鵜鶘。魚網雖密，魚不畏也。鵜鶘所食幾何，魚反畏之者何？網無情而鵜鶘有情也。去小知而大知明，去善而自善矣。嬰兒生，無石師而能言，與能言者處也。石，疑作所，言熏習之移人有如此者。

惠子謂莊子曰：「子言無用。」莊子曰：「知無用，而始可與言此段言無用之爲用。

此言人之志趣，各有不同。

「波」安下得妙。

用矣。夫地非不廣且大也，人之所用容足耳，然則厠音側。足而墊音店。之致黃泉，墊，掘也。側足而掘之，至於黃泉。人尚有用乎？」惠子曰：「無用。」莊子曰：「然則無用之爲用，亦明矣。」

莊子曰：「人有能遊，且得不遊乎？生而遊者，胸次灑灑，直與天地萬物上下同流，且得不遊乎哉？人而不能遊，且得遊乎？不能遊者，根塵太重，罥掛世網，雖與之遊，安得而遊乎哉？夫流遁之志，决绝之行，噫，其非至智厚德之任與？大抵世緣難斷，私欲易牽，流遁之志，决絶之行，乃至知厚德之所任，常人不能也。覆墜而不反，火馳而不顧。夫墮物者，誰不反顧。火逸者，希不顧家。若能覆墜而不反，火馳而不顧，則是真有流遁之志，决絶之行也。是人也，而後可以與遊。雖相與爲君臣，時也。易世而無以相賤。今之不能者，只爲富貴功名之心太重，不知雖有南面之尊、北面之榮，一時相與，以爲君臣，極其際遇，而易世之後，無以相賤也，直等耳。故曰：至人不留行焉。至人之行不留於此。夫尊古而卑今，學者之流也。且以狶韋氏之流觀今之世，夫孰能不波？波蕩。惟至人乃能遊於世而不僻，順於人而不失己。彼教不學，其彼所謂世教者，雖不屑，然學之。承意不彼。」然亦承其意而不外之也，彼者，外之之辭。

此言壅塞之爲害。

室無二句，喻心境窄隘，曲盡其妙。

目徹通也。爲明，耳徹爲聰，鼻徹爲顫，口徹爲甘，心徹爲智，智徹爲德。凡道不欲壅，壅則哽，音梗，如人喉中有物塞之。哽而不止則跈，音展，如足陷泥淖之迹。跈則衆害生。物之有知者恃息，物之有生，恃此生息之理。其不殷，非天之罪。其生息深渺而不殷盛，非天之罪也。天之穿之，日夜無降，人顧塞其竇。天之開人聰明，日夜無已時，持人以物欲，自塞其竇耳。

胞有重閬，胞，人身浮膜也，重閬，空曠也。人身中必有空曠之地以行氣。閬，音浪。心有天游，人心亦然。故虛靜之中常與太虛相爲游衍。室無虛空，則婦姑勃谿。爭，鬥也。谿，音奚。心無天游，則六鑿相攘。六鑿即六根。大林丘山之善於人也，亦神者不勝。既爲六鑿所攘，則思幽靜之地以自安，故大林丘山，一見即以爲善，便求其得以少憩，此亦元神不勝甚擾者然耳。

德溢乎名，德性蕩乎求名。名溢乎暴，求名之心，蕩乎暴急。謀稽乎誸，音弦，急也。御下弦急，則人思以智巧當之，故謀稽乎誸。智出乎爭，彼此爭勝，則人各用智，故智出乎爭。柴生乎守官，守官即執一也，執滯於物，故柴塞於胸中，而與物爲梗。事果乎衆宜。衆宜，衆情所便也。衆情所便，則萬事可果而斷矣。

「怒生」二字甚奇。

數語自是養生家秘訣。

此見人品等等各別。

春雨日時，日時，謂以時日而雨。草木怒生，銚鎒音挑辱，皆田器。於是乎始脩，草木之到植更生。者過半而不知其然。

靜然可以補病，凡人有病，只求一真靜，則真氣自復，邪氣自退，而可以補病。眥搣音恣滅。可以休老，眥搣猶云剪滅，剪滅男女聲色之欲，則老境自是康豫。寧可以止遽。事若急遽，一以安靜鎮之，則一止可以止，衆止而事無不理矣。雖然，若是勞者務也，非佚者之所未嘗過而問焉。雖然，若是勞者之務也，非佚者之所也。佚人則不待病而先居于靜，不待老而先証於滅，不待遽而先安於止，故勞者之務，佚者未嘗過而問焉。問，講求之意。

聖人之所以駴天下，神人未嘗過而問焉。賢人所以駴世，聖人未嘗過而問焉。君子所以駴國，賢人未嘗過而問焉。小人所以合時，君子未嘗過而問焉。駴，與駭同，謂改百姓之觀聽也。聖人之所以駭世，無過仁義而已。賢人君子則脩飾乎禮樂文章之具，小人則權謀術數而已，道不同不相爲謀，是故有過而不問者。

演門地名。有親死者，以善毀爵爲官師，以善哀毀得名，因舉孝而得官。其黨人毀，而死者半。其黨慕之毀，而死不得爵，而喪生好名之過也。堯此一段形容好名者之足以自累。

上面説箇好名，此卻以忘言之人結之。

與許由天下，許由逃之。湯與務光，務光怒之。紀他聞之，帥弟子而踆音存。於窾音欵。水，諸侯弔之三年。申徒狄因以踣河，許由逃堯，務光赴淵，其名高矣，乃紀他慕由、光，帥弟子而踆窾，意諸侯讓國，而諸侯但弔其自若耳，後三年，申徒狄又因以投河，人之好名，一至此哉。

筌者所以在魚，得魚而忘筌。蹄者所以在兔，得兔而忘蹄。筌蹄，取魚兔之具也。既得則無用矣。在者，在於得也。筌，香草所以餌魚。蹄，兔罝也，係其脚，故曰蹄。言者所以在意，得意而忘言。吾安得夫忘言之人而與之言哉！

此篇莊子自叙立言之意。

衍重言意。

雜篇寓言第二十七

寓言十九，十居其九。重言十七，十居其七，巵音支。言日出，和以天倪，日出謂常，常言也。和，調也。天倪，天理也。寓言十九，藉外論之。借外物以相比論。親父不爲其子媒，親父譽之，不若非其父者也。親父不爲其子媒者，以親父譽之，不若非其父者之譽爲可信也。非吾罪也，人之罪也。吾之不得已而托外論以求人信者，此非我之罪也，不信我者之罪也。與己同則應，不與己同則反。同於己爲是之，異於己爲非之。重言十七，所以已言也。凡人之情，喜其與己同，而惡其與己異。同則是之，異則非之，故是非同異莫定，而吾以重言止之。重言十七，所以止言也。是爲耆艾，重言者，借古人爲重，如人之取正於耆艾者然。年先矣，而無經緯本末以期年耆者，是非先也。苟年長矣，而經緯本末漫無所知，徒以年稱，非所先也。人而無以先人，無人道也。年本先而曰無所先者，謂其不知立人之道也。人而無人道，是之謂陳人。無人道則亦陳腐之人耳，何重之有。巵言自出，和以天倪，因以曼衍，所以衍卮言意。

觀此一段，則南蘿惟真吾夫子至矣。

窮年。卮言者，卮酒之言，和理而出，曼曼衍衍，儘可以消歲月。不言則齊，蓋理本至一，無言則歸于一。齊與言不齊，若以一形諸言，則非一。言與齊不齊也。以言而論，夫一亦非一也。故曰無言，言無言，故曰無言者，非箝口之謂也，雖言之而終歸于無言也。終身言，未嘗言，終身不言，未嘗不言。有自也而可，有自也而不可，有自也而然，有自也而不然。天下之可與不可，然與不然，皆有所自來也。惡乎然？然於然。惡乎不然？不然於不然。惡乎可？可於可。惡乎不可？不可於不可。物固有所然，物固有所可，無物不然，無物不可。非卮言日出，和以天倪，孰得其久？非卮言和理而出，且孰得其久而有不易之定論乎？萬物皆種也，以不同形又自物而論，物種有萬，形各不同。相禪，始卒若環，莫得其倫。然一氣相禪，始終循環，莫能得其比擬。是謂天均。是於不齊之中有至齊者在焉，謂之天均。天均者，天倪也。天均者，正天倪之謂也。卮言之所出，如是而已。

莊子謂惠子曰：「孔子行年六十而六十化，始時所是，卒而非之，未知今之所謂是之非五十九非也。」惠子曰：「孔子勤志服知也。」勤志，即敏求之意。服知，行其所知也。莊子曰：「孔子謝之矣，而其未之嘗言。孔子六十而化，則已謝是矣，但其未嘗言耳。孔子云：夫受才乎大本人降才乎太初。復靈以生，復此靈覺之理以有生。鳴而當律，言而當法，利義陳乎前，而好惡是非直服人之口而已矣。使人乃以心服，而不敢蘁音噩，迕也。立，定天下之定，然服人之口，非心服也。必使人心服而不敢迕，立而后可定天下之定乎。夫子之言如此。已乎已乎。吾且不得及彼乎？」彼指孔子。

曾子再仕而心再化，變動。曰：「吾及親仕，三釜而心樂。後仕，三千鍾不洎，音記，及也。吾心悲。」弟子問於仲尼曰：「若參者，可謂無所縣音玄。其罪乎？」無所縣其罪，謂無係累之罪也。曰：「既已縣矣，即此悲喜之心，便有係累矣。夫無所縣者，可以有哀乎？夫無所係累者，豈可以有悲乎？彼視三釜三千鍾，如鸛雀蚊虻相過乎前也。」

顏成子游謂東郭子綦曰：「自吾聞子之言，一年而野，心近朴野。二年而從，隨順於道。三年而通，明通夫道。四年而物，心如槁木死灰。五年而來，寂滅而有不寂滅者。六年而鬼入，納造化於胷中。七年而天成，與天爲一。八年而不知死，不知生，生死無心，無入而不自得。九年而大

已乎二句，莊子嘆詞。

末句善形容無所縣者。

以言學問，漸次而進。

此自上文不知生死透下。

此以造化之不可知者，反覆徵問。

以與內篇《齊物論》同，但添上火日之喻，更覺新奇。

妙。」默契眞玄。

生有爲，人之生也必有爲。死也。勸公死則同歸於無爲而已，公之爲言同也。勸字有勸人灰心滅念以還造化意。以其死也，有自也。而生陽也，無自也。人皆以其死也有自也，而不知其生陽之始實無所自也。而果然乎？汝果以爲然乎。惡乎其所適？惡乎其所不適？以爲然，則惡乎其所適，惡乎其所不適，而生欣戚於其中耶。適者，快適之意。

天有曆數，運行度數。地有人據，人迹可據者。吾惡乎求之？莫知其所終。若之何其無命也？莫知其所始。若之何其有命也，有以相應也。若之何其無鬼邪？無以相應也。若之何其有鬼邪？

衆罔兩問於景音影。曰：「若向也俯而今也仰，向也括而今也被髮，向也坐而今也起，向也行而今也止，何也？」景曰：「叟叟也，奚稍問也。叟叟，景稱罔兩之詞，稍問猶云末論。予有而不知其所以。予，蜩音條。甲也，蛇蜕也，似之而非也。火與日，吾屯也。屯，影聚也。遇火日則有影。陰與夜，吾代也。代影去也，遇陰夜則無影。彼，吾所以有待邪，彼指形言，形爲吾之所待。而況乎以有待者乎？形尤必有所待。彼言約而盡，老聖教人却如此。

來則我與之來，彼往則我與之往，彼强陽則我與之强陽。强陽者，又何以有問乎？」强陽，動也。

陽子居南之沛，老聃西遊於秦，邀於郊，至於梁而遇老子，老子中道仰天而嘆曰：「始以汝爲可教，今不可也。」陽子居不答，至舍，進盥音管。漱音溲。巾櫛，脱屨户外，膝行而前曰：「向者弟子欲請夫子，夫子行不間，音閑。是以不敢。今間矣，請問其故。」老子曰：「而睢睢盱盱，而誰與居？睢睢盱盱，矜持不自在之貌。而誰與居，言人將畏而去之。太白若辱，辱者恥而自藏也。盛德若不足。」陽子居蹵然變容曰：「敬聞命矣。」其往也，舍者迎將其家，公執席，妻執巾櫛，舍者避席，煬者避竈。其反也，舍者與之爭席矣。言未聞老子之先，矜持自名，故人敬之。既聞則退然自晦，人視之爲常人矣。

看來許由、子州支父、支伯、善卷、石户之農，俱是重尊生意。

前云不以害生，此云不以易生，以此見生之爲重。

雜篇讓王第二十八

堯以天下讓許由，許由不受，又讓於子州支父，甫同。子州支父曰：「以我爲天子猶之可也。雖然我適有幽憂之病，方且治之，未暇治天下也。」夫天下至重也，而不以害其生，又況他物乎。惟無以天下爲者，可以託天下也。舜讓天下於子州支伯，子州支伯曰：「予適有幽憂之病，方且治之，未暇治天下也。」故天下大器也，而不以易生，此有道者之所以異乎俗者也。

舜以天下讓善卷，善卷曰：「予立於宇宙之中，冬日衣皮毛，夏日衣葛絺，春耕種，形足以勞動。秋收斂，身足以休食。日出而作，日入而息，逍遥於天地之間，而心意自得，吾何以天下爲哉？悲夫，子之不知予也。」遂不受，於是去而入深山，不知其處。舜以天下讓其友石户之農，石户之農曰：「捲捲音權，動勞之貌。乎后之爲人，葆力猶云窮力。之士也。以舜之德，爲未至也。」於是夫負妻戴携子，以入於海，終身不反也。

太王亶父居邠，狄人攻之。事之以皮帛而不受，事之以犬馬而不受，事之以珠玉而不受。狄人之所求者，土地也。太王亶父曰：「與人之兄居而殺其弟，與人之父居而殺其子，吾不忍也。子皆勉居矣！爲吾臣與爲狄人臣，奚以異？且吾聞之，不以其所用養害所養。」所用，養土地也。所養，人民也。因杖筴而去之，民相連而從之，遂成國於岐山之下。夫太王亶父，可謂能尊生重其身。矣。能尊生者，雖富貴不以養傷身，雖貧賤不心利累形。今世之人，居高官尊爵者，皆重失之。見利輕亡其身，豈不惑哉？

越人三世殺其君王，子搜患之，逃乎丹穴，而越國無君，求王子搜不得，從之丹穴。王子搜不肯出，越人薰之以艾，乘以王輿。王子搜援音爰。綏登車，仰天而呼曰：「君乎君乎！獨不可以舍我乎？」王子搜非惡爲君也，惡爲君之患也。若王子搜者，可謂不以國傷生矣，此固越人之所欲得爲君也。

韓、魏相與爭侵地，子華子見昭僖侯。昭僖侯有憂色，子華子

此與孟子所言者同，而意則異。

叙太王能尊生。

叙王子搜不以國傷生。

又點箇傷生字來。

叙顏闔之逃富貴。

收語提出養生字，意便完密。

曰：「今天下書銘誓約也。於君之前，書之言曰：左手攫之攫，拏取也，謂取其銘也。則右手廢，廢，斷而去之也。右手攫之則左手廢。然而攫之者必有天下，君能攫之乎？」昭僖侯曰：「寡人不攫也。」子華子曰：「甚善。自是觀之，兩臂重於天下也。身亦重於兩臂，韓之輕於天下亦遠矣。今之所爭者，其輕於韓又遠。君固愁身傷生以憂戚不得也。」僖侯曰：「善哉！教寡人者衆矣，未嘗得聞此言也。」子華子可謂知輕重矣。」

魯君聞顏闔得道之人也，使人以幣先焉。顏闔守陋閭，苴麤也。布之衣，而自飯牛。魯君之使者至，顏闔自對之，使者曰：「此顏闔之家與？」顏闔对曰：「此闔之家也。」使者致幣，顏闔對曰：「恐聽者謬而遺使者罪，不若審之。」使者遠，反審之，復來求之，則不得已。故若顏闔者，真惡富貴也。

故曰：道之真以治身，其緒餘以爲國家，其土苴糞草也，喻其粗者。以治天下。由此觀之，帝王之功，聖人之餘事也，非所以完身養生也。今世俗之君子，多危身棄生以殉物，豈不悲哉？

凡聖人之動作也，必察其所以之往也。與其所以爲。今且有人於此，以隋侯之珠彈千仞之雀，世必笑之，是何也？則其所用者重，而所要者輕也。夫生者，豈特隋侯之重哉？

子列子窮，容貌有飢色。客有言之于鄭子陽者，曰：「列禦寇蓋有道之士也，居君之國而窮，君無乃爲不好士乎？」鄭子陽即令官遺之粟，子列子見使者，再拜而辭，使者去。子列子入，其妻望之而拊心曰：「妾聞爲有道者之妻子，皆得佚樂，今有飢色，君過而遺先生食，先生不受，豈不命邪？」子列子笑而謂之曰：「君非自知我也，以人之言而遺我粟，至其罪我也，又且以人之言，此吾所以不受也。」其卒，民果作難而殺子陽。

楚昭王失國，屠羊說音悅。走而從於昭王，昭王反國，將賞從者，及屠羊說。屠羊說曰：「大王失國，說失屠羊。大王反國，說亦反屠羊。臣之爵禄已復矣，又何賞之有？」王曰：「强去聲。之。」屠羊說曰：「大王失國，非臣之罪，故不敢伏其誅。大王反國，非臣之功。故不敢當其賞。」王曰：「見音現。之。」屠羊說曰：「楚國

又以彈雀事喻傷生者，以總之。

觀列子之不受粟，來亦不受禍，可謂有知幾之明矣。

名言確說。

觀屠羊說三辭之言，眞能安其□不易業以趨榮者。

辭語慷慨。

起語便見憲之貧，而不改其樂。

學以爲人，而教人則曰爲己，此便是學問不真實處。

之法，必有重賞大功而後得見，今臣之智不足以存國，而勇不足以死寇。吳軍入郢，説畏難而避〔一〕寇，非故隨大王也。今大王欲廢法毁約而見説，此非臣之所以聞天下也。」王謂司馬子綦曰：「屠羊説居處卑賤，而陳義甚高，子其爲我延之以三旌之位。」三旌之位，諸侯之三祠也。屠羊説曰：「夫三旌之位，吾知其貴於屠羊之肆也，萬鍾之禄，吾知其富於屠羊之利也。然豈可以貪爵禄而使吾君有妄施之名乎？説不敢當，願復反吾屠羊之肆。」遂不受也。

原憲居魯，環堵之室，茨屋蓋也。以生草，蓬户不完，桑以爲樞而甕牖二室，夫妻之室。褐以爲塞，以甕爲牖，以褐塞之。上漏不濕，匡坐而弦。匡坐，正坐也。弦，鳴琴也。子貢乘大馬，中紺而表素，軒車不容巷，往見原憲。原憲華音花。冠縰履，華冠，七裂而開花也，履不着棍曰縰。杖藜而應門。子貢曰：「嘻！先生何病？」原憲應之曰：「憲聞之：無財謂之貧，學而不能行謂之病。今憲貧也，非病也。」子貢逡巡而

〔一〕「避」，原作「被」，據宋本《南華真經》改。

叙曾子之貧，形容貌象，色色俱備，真善狀矣。

數語非莊子道不出。

此見顏子之貧而樂。

王意在發「重生」兩字。

有愧色，原憲笑曰：「夫希世希人之聞譽。而行，比周而友，學以爲人，教以爲己，仁義之慝，謂假借仁義以文其好者。輿馬之飾，憲不忍爲也。」

曾子居衛，緼袍無表，無表，外破也。顏色腫噲，虛浮之貌。手足胼胝，三日不舉火，十年不製衣，正冠而纓絶，言冠之久也。捉衿而肘見，音現，言袖之短也，納屨而踵決，言履之短也。曳縰而歌商頌，聲滿天地，若出金石。聲之有節奏也。天子不得臣，諸侯不得友，故養志者形，養形者忘利，致道者忘心矣。

孔子謂顏回曰：「回，來！家貧居卑，胡不仕乎？」顏回對曰：「不願仕。回有郭外之田五十畝，足以給飦粥，郭內田十畝，足以爲絲麻，鼓琴足以自娛，所學夫子之道者，足以自樂也。回不願仕。」孔子愀然變容曰：「善哉，回之意。丘聞之：知足者不以利自累也，審信也。自得者，失之而不懼，行脩於內者，無位而不怍。丘誦之久矣，今於回而後見之，是丘之得也。」丘之得，謂得其友。

中山公子矣謂瞻子曰：「身在江海之上，心居乎魏闕之下，心未忘富貴也。奈何？」瞻子曰：「重生，性也。重生則利輕。」中山公子魏牟以下，莊子贊詞。

此條多有妙語，讀之令人豁然。

牟曰：「雖知之，未能自勝也。」瞻子曰：「不能自勝則從，汝不能勝，則從之乎。神無惡乎？夫人有元神，擾之則元神能無惡乎。不能自勝而强上聲。不從者，夫我之元神既不能勝欲，已自惡之，又强不從，而使之從。此之謂重傷。此之謂重被其傷。重傷之人，無壽類矣。」魏牟，萬乘之公子也，其隱巖穴也，雖爲於布衣之士，雖未至乎道，可謂有其意矣。言魏牟以公子學道，比之韋布之士，薰習尤深，故其勝之也愈難，然雖未至於道，而已有向道之心矣。

孔子窮於陳、蔡之間，七日不火食，藜羹不糝，音參，不糝，有菜無米也。顔色甚憊，而弦歌於室，顔回擇菜，子路、子貢相與言曰：「夫子再逐於魯，削迹於衛，伐樹於宋，窮於商、周，圍於陳、蔡，殺夫子者無罪，藉謂凌轢也。夫子者無禁，弦歌鼓琴，未嘗絶音，君子之無恥也若此乎？」顔回無以應，入告孔子，孔子推琴喟然而嘆曰：「由與賜，細人也。召而來，吾語之。」子路、子貢入，子路曰：「如此者可謂窮矣。」孔子曰：「是何言也？君子通於道之謂通，窮於道之謂窮。今丘抱仁義之道，以遭亂世之患，其何窮之爲？故内省而不窮於道，臨難而不失其德，天寒既至，霜露即降，吾是以知子貢悟道，至此得夫子之教深矣。

按三子自投，蓋實無禪不就而去之，則亦已矣，何爲自傷其生乎？吾知其非大道之所取也。

松柏之茂也。陳、蔡之隘，音阨。於丘其幸乎？」孔子削然孤高之貌。反琴而弦歌，子路扢然奮舞之貌。執干而舞。子貢曰：「吾不知天之高也，地之下也，古之得道者，窮亦樂，通亦樂，所樂非窮通也，道德於此，則窮通爲寒暑風雨之序矣。故許由娛於潁陽，而共音恭。伯得乎邱首。」潁陽、邱首，皆山名。按：共伯名和，當屬王之難，諸侯立之，后歸於國，得意邱首之山。

舜以天下讓其友比人無擇，比人無擇曰：「異哉。后之爲人也，居於畎畝之中，而遊堯之門，不若是而已，言不止自失其身而已。又欲以其辱行漫我，漫，污也。吾羞見之。」因自投於清冷之淵。

湯將伐桀，因卞隨而謀。卞隨曰：「非吾事也。」湯曰：「孰可？」曰：「吾不知也。」湯又因瞀音務。光而謀，瞀光曰：「非吾事也。」湯曰：「孰可？」曰：「吾不知也。」湯曰：「伊尹何如？」曰：「强力忍垢，吾不知其他也。」湯遂與伊尹謀伐桀，克之，以讓卞隨，卞隨辭曰：「后之伐桀也，謀乎我，必以我爲賊也。勝桀而讓我，必以我爲貪也。吾生乎亂世，而無道之人再來漫我，以其辱行，吾此次伯夷、叔齊不得已而高爵，他若無擇下隨瞀光之自沉，皆爲己者，所謂是皆已甚也。

不忍數聞也。」乃自投椆音周。水而死。

湯又讓瞀光曰：「智者謀之，武者遂之，仁者居之，古之道也。吾子胡不立乎？」瞀光辭曰：「廢上，非義也。殺民，非仁也。人犯其難，去聲。我享其利，非廉也。吾聞之曰：非其義者，不受其祿，無道之世，不踐其土。況尊我乎？吾不忍久見也。」乃負石而自沉於廬水。

昔周之興，有士二人處於孤竹，曰伯夷、叔齊，二人相謂曰：「吾聞西方有人，似有道者，試往觀焉。」至於岐陽，武王聞之，使叔旦即周公。往見之，與之盟曰：「加富二等，倍其祿也。就官一列。尊其爵也。血牲而埋之。」二人相視而笑曰：「嘻！異哉。此非吾所謂道也。昔者神農之有天下也，時祀盡敬而不祈喜，其於人也，忠信盡而無求焉。樂與政爲政，樂與治爲治，不以人之壞自成也，不以人之卑自高也，不以遭時自利也。今見殷之亂而遽爲政，上謀而下行貨，上則用謀，而下則用賄。阻兵而保威，險阻其甲兵，以保固自己之威嚴。割牲而盟以爲信，揚行以説衆，殺伐以要利，是皆推亂以易暴也，吾結語頓挫。

聞古之士遭治世不避其任，遇亂世不爲苟存，今天下闇，周德衰，其並音傍。乎周以塗自污。吾身也，不如避之，以潔吾行。」二子比至於首陽之山，遂餓而死焉。若伯夷、叔齊者，其於富貴也苟可得已，則不必賴高節戾行，獨樂其志，不事於世，此二士之節也。

此夫子告柳下季以必說盜跖。

雜篇盜跖第二十九

此篇譏侮列聖，戲劇夫子，蓋效顰莊、老而爲之者，恐非莊、老真筆。

孔子與柳下季爲友，柳下季之弟名曰盜跖，盜跖從卒九千人，横行天下，侵暴諸侯，穴室樞户，穴室謂破人之屋，樞户謂戕人之户樞。驅人牛馬，取人婦女，貪得忘親，不顧父母兄弟，不祭先祖，所過之邑，大國守城，小國入保，小城曰保。萬民苦之。孔子謂柳下季曰：「夫爲人父者，必能詔其子。爲人兄者，必能教其弟。若父不能詔其子，兄不能教其弟，則無貴父子兄弟之親矣。今先生，世之才士也，弟爲盜跖，爲天下害，而弗能教也。丘竊爲先生羞之，丘請爲先生往説音税。之。」柳下季曰：「先生言爲人父者必能詔其子，爲人兄者必能教其弟，若子不聽父之詔，弟不受兄之教，雖今先生之閑冷一語，寫出盜行。

目如明星句，最善狀盜跖處。

此盜跖譏刺夫子，以拒其見。

應膾人肝而餔之句。

此孔子與盜跖相見，因言其有三德，以爲進説之端。

辯，將奈之何哉？且跖之爲人也，心如涌泉，意如飄風，强足以拒敵，辯足以飾非，順其心則喜，逆其心則怒，易辱人以言。先生必無往。」孔子不聽，顔回爲御，子貢爲右，往見盜跖，盜跖乃方休卒徒太山之陽，膾人肝而餔之。孔子下車而前，見謁者曰：「魯人孔丘，聞將軍高義，敬再拜謁者。」謁者入通，盜跖聞之大怒，目如明星，髮上指冠，曰：「此夫魯國之巧僞人孔丘非耶？爲我告之：爾作言造語，妄稱文、武，冠枝木之冠，以木皮爲冠。帶死牛之脅，以牛皮爲帶。多辭繆音謬。説，不耕而食，不織而衣，摇脣鼓舌，擅生是非，以迷天下之主，使天下學士不返其本，妄作教悌，而儌倖於封侯富貴者也。子之罪大極重，疾走歸，不然，我將以子肝益晝餔之膳。」孔子復通曰：「丘得幸於季，願望履幕下。」謁者復通，盜跖曰：「使前來。」孔子趨而進，避席反走，再拜盜跖。盜跖大怒，兩展其足，案劍瞋目，聲如乳虎，曰：「丘，來前！若所言順吾意則生，逆吾心則死。」孔子曰：「丘聞之，凡天下有三德：生而長大，美好無雙，少長貴賤，見而皆説音悦。之，此上德也。智維天地能辯萬物應前不顧父母兄弟句。

此盜跖譏刺列聖處。

同，此中德也。勇悍果敢，聚衆率兵，此下德也。凡人有此一德者，足以南面稱孤矣。今將軍兼此三者，身長八尺二寸，面目有光，脣如激丹，齒如齊貝，音中去聲。黄鐘，而名曰盜跖，丘竊爲將軍恥不取焉。將軍有意聽臣，臣請南使吴、越，比使齊、魯，東使宋、衛，西使晉、楚，使爲將軍造大城數百里，立數十萬户之邑，尊將軍爲諸侯，與天下更始，罷兵休卒，收養昆弟，共音恭。祭先祖，此聖人才士之行，而天下之願也。」盜跖大怒曰：「丘，前來！夫可規以利，而不諫以言者，皆愚陋恒民之謂耳。今長大美好，人見而悦之者，此吾父母之遺德也。丘雖不吾譽，吾獨不自知邪？且吾聞之：好面譽人者亦好背而毁之，今丘告我以大城衆民，是欲規我以利，而恒民畜我也，安可長久也？城之大者，莫大於天下矣。堯、舜有天下，子孫無置錐之地，湯、武立爲天子，而后世絶滅，非以其利大故邪？且吾聞之：古者禽獸多而人民少，於是民皆巢居以避之。晝拾橡音象。栗，暮栖木上，故命之曰有巢氏之民。古者民不知衣服，夏多積薪，冬則煬之，故命之曰知生之民。神農之此戲劇夫子處。

世，卧則居居，起則于于，民知其母，不知其父，與麋鹿共處，耕而食，織而衣，無有相害之心，此至德之隆也。然而黃帝不能致德，與蚩尤戰於涿鹿之野，流血百里，堯、舜作，立群臣，湯放其主，武王殺紂，自是之後以强凌弱，以衆暴寡，湯、武以來，皆亂人之徒也。今子脩文武之道，掌天下之辯，以教後世，縫衣淺帶，矯言僞行，以迷惑天下之主，而欲求富貴焉，盜莫大於子。天下何故不謂子爲盜丘，而乃謂我爲盜跖？子以甘辭説音税。子路而使從之，使子路去其危冠，解其長劍，而受教於子，天下皆曰孔丘能止暴禁非，其卒之也，子路欲殺衛君，而事不成，葅於衛東門之上，是子教之不至也。子自謂才士聖人邪？則再逐於魯，削迹於衛，窮於齊，圍於陳、蔡，不容身於天下。子教子路葅此患，上無以爲身，下無以爲人，子之道豈足貴邪？世之所高莫若黃帝，黃帝尚不能全德，而戰涿鹿之野，流血百里。堯不慈，舜不孝，禹偏枯，謂傳子也。湯放其主，武王伐紂，文王拘羑里，此六子者，世之所高也。孰與熟同。論之皆以利惑其真，而强上聲。反其情性，其行乃甚可羞也。世之又譏刺賢士，若夷、齊諸人者。

又譏刺忠臣，若比干、子胥者。

此亦透論，但見偏耳。

所謂賢士伯夷、叔齊，辭孤竹之君，而餓死於首陽之山，骨肉不葬。鮑焦飾行去聲。非世，抱木而死。申徒狄諫而不聽，負石自投於河，爲魚鱉所食。介子推至忠也，自割其股以食音嗣。文公，文公後背之，子推怒而去，抱木而燔死。尾生與女子期於梁下，女子不來，水至不去，抱梁柱而死。此四者，無異於磔犬流豕，見殺犬豕也。操瓢而乞者。皆離麗也。名輕死，不念本本真。養壽命者也。世之所謂忠臣者，莫若王子比干、伍子胥。子胥沉江，比干剖心，此二子者，世謂忠臣也，然卒爲天下笑。自上觀之，至於子胥、比干，皆不足貴也。丘之所以説音税。我者，若告我以鬼事，則我不能知也。若告我以人事者，不過此矣，皆吾所聞知也。今吾告子以人之情，目欲視色，耳欲聽聲，口欲察味，志氣欲盈。人上壽百歲，中壽八十，下壽六十。除病瘦死喪憂患，其中開口而笑者，月之中不過四五日而已矣。天與地無窮，人死者有時。操平聲。有時之具，而託於無窮之間，忽然無異騏驥之馳過隙也。不能説音悦。其志意，養其壽命者，皆非通道者也。丘之所言，皆吾之所棄也。亟去此以遇柳下季結案。

走歸，無復言之。子之道狂狂汲汲、詐巧虛僞事也，非可以全真也，奚足論哉？」孔子再拜趨走，出門上車，執轡三失，目芒然無見，色若死灰，據軾低頭，不能出氣。歸到魯東門外，適遇柳下季，柳下季曰：「今者闕然數日不見，車馬有行色，得微往見跖邪？」孔子仰天而嘆曰：「然。」柳下季曰：「跖得無逆汝意若前乎？」若前，謂如前所言也。孔子曰：「然。丘所謂無病而自灸也。疾走料虎頭，扁音鞭。虎須，幾不免虎口哉。」

子張問於滿苟得曰：「盍不爲行？言何不脩行以爲名利媒也。無行則不信，不信則不任，不任則不利，故觀之名，計之利，而義真是也。義人事之，宜謂人事之宜真在是也。若棄名利，反之於心，則夫士之爲行，不可一日不爲乎？」滿苟得曰：「無恥者富，多信者顯，夫名利之大者，幾在無恥而信。故觀之名，計之利，而信真是也。若棄名利，反之於心，則夫士之爲行，抱其天乎？」

子張曰：「昔者桀、紂貴爲天子，富有天下，今謂臧聚臧獲相聚。曰：汝行如桀、紂，則有怍色。有不服之心者，小人所賤也。仲尼、墨翟窮爲匹夫，今謂宰相曰子行如仲尼、墨翟，則變容易色，稱不足者，士誠貴也。故勢爲天子，未必貴也。窮爲匹夫，未必賤也。貴賤之分，在行之美惡。」滿苟得曰：「小盜者拘，大盜者爲諸侯，諸侯之門，義士存焉。昔者桓公小白殺兄入嫂，而管仲爲臣。田成子常殺君竊國，而孔子受幣。論則賤之，行則下之，則是言行之情悖戰於胸中也。不亦拂乎？故《書》曰：『孰惡孰美？成者爲首，不成者爲尾。』」

子張曰：「子不爲行，將使疏戚無倫，貴賤無義，長幼無序，五紀六位，五紀，人道之五倫。六位，三綱中之六位也。將何以爲別乎？」滿苟得曰：「堯殺長子，舜流母弟，疏戚有倫乎？湯放桀，武王殺紂，貴賤有義乎？王季爲適，周公殺兄，長幼有序乎？儒者僞辭，墨者兼愛，五紀六位，將有別乎？

「且子正爲名，子求仁義之名。我正爲利，我則但言爲利耳。名利之實，不順於理，不鑑於道，吾曰與子訟告之以求質成。於無約，曰：小人殉財，君子殉名，其所以變其情、易其性則異矣，乃至於棄其所若枉若直以下，只是一箇無拘無束之意。

比干、子胥以下，皆言立節尚行之患。

無名志在興名就利，以安體樂意爲先，是亦苟得之徒，故知和告以富者，貴積而能能散，惠衆周物，貧人倚之以爲命，乃能全身無患耳。

爲而殉其所不爲則一也。故曰：無爲小人，反殉而天，無爲君子，從天之理。若枉若直，相爲天極。天極者，天然自有之理。面觀四方，與時消息。若是若非，執而圓機。獨成而意，與道徘徊。無轉而行，無成而義，將失而所爲。無赴而富，無殉而成，將棄而天。比干剖心，子胥抉眼，忠之禍也。直躬證父，尾生溺死，信之患也。鮑子立乾，音干。申子不自理，廉之害也。孔子不見母，匡子不見父，義之失也。此上世之所傳，下世之所語，以爲士者正其言，必其行，故服其殃，離其患也。」服，被也。離，罹同。

無足不知足者。問於知和知大道者。曰：「人卒未有不興名而就利者，彼富則人歸之，歸則下之，下則貴之矣。夫見下貴者，夫我之一身，而見人之下我貴我者。所以長生安體樂意之道也。今子獨無意焉，智不足邪？意智而力不能行邪？故推正不忘邪？」或故推求正理爲理，束縛而不忘耶。知和曰：「今夫此人，此等名利之人。以爲與己同時而生、同鄉而處者，以爲夫絕俗過高之士焉，以爲人皆不我若，而我必爲絕俗高世之士矣。是專無主，此其胷中全無主意。正所以覽古今之時，是非看此段，分明富爲艷美之鄉。

之分也。不過能覽古今之成敗，知是非之分別而已。與俗化世，無主則與俗同化，以媚於世。去至重，棄至尊，以爲其所爲也。棄去至重至尊之天爵，以爲夫儻來之名利也。此其所以論長生安體樂意之道，不亦遠乎？慘怛之疾，恬愉之安，不監於體，怵惕之恐，欣懽之喜，不監於心。知爲爲而不知所以爲，是以貴爲天子，富有天下，而不免於患也。

無足曰：「夫富之於人，無所不利，窮美究勢，窮盡美好，究極權勢。至人之所不得逮，聖人之所不能及。俠音協。人之勇力，而以爲威强，秉人之智謀，而以爲明察，因人之德，以爲賢良，非享國而嚴若君父，且夫聲色滋味權勢之於人心，不待學而樂之，體不待象習也。而安之。夫欲惡避就，固不待師，此人之性也。天下雖非我，孰能辭之？」非，譏也。辭，舍也。知和曰：「智者之爲，故動以百姓，不違其度，智者之所爲，故動則如以百姓自處，不敢自放於禮度之外。是以足而不爭，是以嘗知自足而不爭。無以爲，故不求。向者無以爲，故不求，不求故不爭也。不足故求之，爭四處而不自以爲貪，己不足，故不求之，雖爭求四方而不爲貪，求在己者也。有餘故辭之，棄天下而不自以爲廉。物有餘，故棄之，雖此又把堯、舜與許由，皆作好說。

此下皆言財之爲害。

連下六句，可謂文法中間變換曲折入神。

棄乎天下，而非爲矯廉，棄其在外者也。廉貪之實，非以迫外也，反監之度。有餘而棄，不足而求，廉貪之實，非在外也，又反而監之，天理自然之法度。勢爲天子，而不以貴驕人，富有天下，而不以財戲人。計其患，計其違度。慮其反，以爲害於性，慮其反害於性命。故辭而不受也，非以要名譽也，堯、舜爲帝而雍，百姓時雍。非仁天下也，不以美害生也。善卷、許由得帝而不受，非虛辭讓也，不以事害己。此皆就其利，辭其害，而天下稱賢焉。則可以有之，則可以有是名而無忝矣。彼非以興名譽也。」然其有之也，非以興名譽也，聖人不自名，而名歸焉耳。

無足曰：「必持其名，必持賢智之名。苦體絶甘，約養以待生，則亦久病長阨而不死者也。」知和曰：「平爲福，有餘爲害者，物莫不然，而財其甚者也。今富人，耳營鐘鼓筦籥之聲，口嗛於芻豢醪醴之味，以感動也。其意，遺忘其業，可謂亂矣。侅音礙。溺於馮氣，若負重行而上也，氣失其平，或咽於上而爲侅，或溲於下而爲溺，其行也，若負重物而登高山。可謂苦矣。貪財而取慰，貪權而取竭，靜居則溺，體澤則馮，貪財以慰無窮之求，貪權以竭天下之勢，居靜則數溲而溺體，則則馮氣而懣。可此可破市井之惑。

謂疾矣。爲欲富就利，故滿若堵耳而不知避，且馮而不舍，積聚多財，滿於阿堵，暴於耳目，而不知避，馮於心志而不能舍。可謂辱矣。則積而無用，服膺而不舍，滿心戚醮，滿心戚戚，憔悴形神。求益而不止，可謂憂矣。內則疑刦與劫同。請之賊，外則畏寇盜之害。內周樓疏，疏，窗也。內則周其樓窗。外不敢獨行，外則盛其卒徒。可謂畏矣。此六者，天下之至害也，皆遺忘而不知察。及其患至，求盡性竭財，求盡其生理，去其財貨。單音丹。以反一日之無故，單求如向者平日之無事。而不可得也。故觀之名則不見，求之利則不得，繚音了。意絶體而爭此，爭此買禍之物。不變感乎？」

雜篇說劍第三十

此篇類戰國策士之雄談，意趣薄而理道踈，恐亦非莊、老所作者。

昔趙文王喜劍，劍士夾門，而客三千餘人，日夜相擊於前，死傷者歲百餘人，好之不厭。如是三年國衰，諸侯謀之，太子悝患之，募左右曰：「孰能說王之意，止劍士者，賜之千金。」左右曰：「莊子當能。」太子乃使人以千金奉莊子，莊子弗受，與使者俱往見太子，曰：「太子何以教周？賜周千金。」太子曰：「聞夫子明聖，謹奉千金，以幣從者。言以此爲從者之奉。夫子弗受，悝尚何敢言？」莊子曰：「聞太子所欲用周者，欲絕王之喜好也。使臣上說音稅。大王而逆王意，不下當太子，則身刑而死，周尚安所事金乎？使臣上說大王，下當太子，趙國何求而不得也？」太子曰：「然。吾王所見，惟劍士也。」莊子曰：「諾。周善爲劍。」太子曰：「然。吾王所見劍士皆蓬

是章始終叙事，而議論在其中，讀之可見。君人者好尚雖微，而風聲奔走係矣。

此叙其不受金之故，語亦有味。

開口即爲大言，便能動人。

三劍之説最奇。

頭突鬢，垂冠曼胡之纓，曼胡，纓粗而反文也。短後之衣，衣短於後，以便作事。瞋音真。目而事雖，王乃説。音悦。今夫子必儒服而見王，事必大逆。」莊子曰：「請治劍服。」治劍服三日，乃見太子，太子乃與見王，王脱白刃待之。莊子入殿門不趨，見王不拜，王曰：「子欲何以教寡人？使太子先。」曰：「臣聞大王喜劍，故以劍見王。」王曰：「子之劍何能禁制？」曰：「臣之劍，十步一人，千里不留行。」王大説曰：「天下無敵矣。」莊子曰：「夫爲劍者，示之以虚，開之以利，誘其進也。後之以發，先之以至，鷙鳥將擊，必匿之勢也。願得試之。」王曰：「夫子休，就舍待命，令設戲劍戲也。請夫子。」王乃校音教。劍士七日，死傷者六十餘人，得五六人，使奉劍於殿下，乃召莊子。王曰：「今日試使士敦治也。劍。」莊子曰：「望之久矣。」王曰：「夫子所御杖，長短何如？」曰：「臣之所奉皆可，然臣有三劍，惟王所用，請先言而後試。」王曰：「願聞三劍。」曰：「有天子劍，有諸侯劍，有庶人劍。」王曰：「天子之劍何如？」曰：「天子劍，以燕音烟。谿石城爲鋒，齊岱爲鍔，晉、魏爲脊，周、宋爲鐔，韓、魏爲鋏。鋒，劍尖也。鍔，劍刃也。鐔，劍口也。鋏，劍把也。包以四夷，裹以四時，繞以渤海，帶以常山，制以五行，論以刑德，開以陰陽，持以春夏，行以秋冬。此劍直之無前，舉之無上，案之無下。運之無旁，上決浮雲，下絕地紀，此劍一用，匡諸侯，天下服矣。此天子之劍也。」文王芒然自失曰：「諸侯之劍何如？」曰：「諸侯之劍，以智勇士爲鋒，以清廉士爲鍔，以賢良士爲脊，以忠聖士爲鐔，以豪傑士爲鋏。此劍直之亦無前，舉之亦無上，案之亦無下，運之亦無旁。上法圓天，以順三光。下法方地，以順四時。中知民意，以安四鄉。此劍一用，如雷霆之震也。四封之内，無不賓服，而聽從君命者矣。此諸侯之劍也。」王曰：「庶人之劍何如？」曰：「庶人之劍，蓬頭突鬢，垂冠曼胡之纓，短後之衣，瞋目而語難，相擊於前，上斬頸領，下決肝肺，此庶人之劍，無異於鬭雞，一旦命已絕矣，無所用於國事。今大王有天子之位，而好庶人之劍，臣竊爲大王薄之。」王乃牽而上殿，宰人上食，王三環之。環，食昔三環其所上之食，以示敬也。莊子曰：「大王安坐定氣，劍事已畢奏矣。」於是文王不出宮三月，劍士皆服斃其處也。

雜篇漁父第三十一

此篇論亦醇正，但筆力差弱於莊子，然非讀莊子熟者，亦不能辨。此篇較《盜跖》《説劍》諸篇頗勝。

孔子遊乎緇帷林名。之林，休坐乎杏壇之上，弟子讀書，孔子絃歌鼓琴，奏曲未半，有漁父者下船而來，鬚眉交白，披髮揄音俞。袂，行原以上，距陸而止，左手據膝，右手持頤以聽。曲終而招子貢、子路二人俱對，客指孔子曰：「彼何爲者也？」子路對曰：「魯之君子也。」客問其族，子路對曰：「族孔氏。」客曰：「孔氏者何治也？」子路未應，子貢對曰：「孔氏者性服忠信，身行仁義，飾禮樂，選辨析也。人倫，上以忠于世主，下以化於齊民，齊民謂平等之民。將以利天下，此孔氏之所治也。」又問曰：「有土之君與？」子貢曰：「非也。」「侯王之佐與？」子貢曰：「非也。」客乃笑而還行，

宛從杏壇上親接漁父，有味哉。忽以「客」字代「漁父」字。

頃時景色，插寫始盡。

此論庶人、大夫、諸侯、天子之憂，各有不同如此。

言曰：「仁則仁矣，恐不免其身。苦心勞形，以危其真。嗚呼遠哉！其分於道也。」言其離道之遠。子貢還報孔子，孔子推琴而起，曰：「其聖人與？」乃下求之，至於澤畔，方將杖拏音饒，撓也。而引其船，顧見孔子，還鄉音向。而立，孔子反走，再拜而進。客曰：「子將何求？」孔子曰：「曩者先生有緒言微不盡之言。而去，丘不肖，未知所謂，竊待於下風，幸聞咳唾之音，以卒相丘也。」客曰：「嘻，甚矣。子之好學也。」孔子再拜而起，曰：「丘少而修學，以至於今，六十九歲矣，無所得聞至教，敢不虛心？」客曰：「同類相從，同心相應，固天之理也。吾請釋吾之所有，而經子之所以。吾請解吾所自有之道，而將子之所爲，與子經略一番。子之所以者，人事也。天子、諸侯、大夫、庶人，此四者自正，四者各正其職。治之美也。四者離位，而亂莫大焉。官治其職，人憂其事，乃無所陵。乃不相凌奪。故田荒室露，衣食不足，徵賦不屬，妻妾不和，長少無序，庶人之憂也。能不勝任，官事不治，行不清白，群下荒怠，功美不有，爵祿不持，大夫之憂也。廷無忠臣，國家昏亂，工技不巧，貢職不美，春秋後倫不順，謂四時失序。天子諸侯之憂也。陰陽不和，寒暑不時，以傷庶物，諸侯暴亂，擅相攘伐，以殘民人，禮樂不節，財用窮匱，人倫不飭，百姓淫亂，天子有司之憂也。今子既上無君侯有司之勢，而下無大臣職事之官，而擅飾禮樂，選人倫，以化齊民，不泰多事乎？

「且人有八疵，事有四患，不可不察也。非其事而事之謂之總，莫之顧而進之進，進言也。謂之佞，希意道音導。言謂之諂，不擇是非而言謂之諛，好言人之惡謂之讒，析交離親謂之賊，稱與詐僞以敗惡去聲。人謂之慝，不擇善否，兩容顔適，偷拔其所欲謂之險，兩容顔適，謂兩觀人之容，而以顔色適從人之所好也。偷拔其所欲，謂揣人之所欲，而潛引拔之，以長其惡也。此八疵者，外以亂人，內以傷身，君子不友，明君不臣。所謂四患者，好經大事，好經理國家大事。變更易常，以挂音卦。功名，謂之叨。忝也。專智擅事，侵人自用，謂之貪。見過不更，聞諫愈甚，謂之狠。人同於己則可，不可於己雖善不善，謂之矜。此四患也。能去八疵，無行四患，而始可教已。」

孔子愀然而嘆，再拜而起曰：「丘再逐於魯，削迹於衛，伐樹於宋，圍於陳、蔡，丘不知所失，而離罹同。此四謗者，何也？」客悽然變容曰：「甚矣。子之難悟也。人有畏影惡迹而去之走者，舉足愈數而迹愈多，走愈疾而影不離身，自以爲尚遲，疾走不休，絶力而死，不知處陰以休影，處靜以息迹，愚亦甚矣。子審仁義之間，察同異之際，觀動靜之變，適受與之度，理好惡之情，和喜怒之節，而幾於不免矣。謹脩而身，慎守其真，還以物與人，則無所累矣。今不脩之身，而求之人，不亦外乎？」孔子愀然曰：「請問何謂真？」客曰：「真者，精誠之至也。不精不誠，不能動人。故强哭者，雖悲不哀。强怒者，雖嚴不威。强親者，雖笑不和。真悲無聲而哀，真怒未發而威，真親未笑而和。真在内者，神動於外，是所以貴真也。其用於人理也，事親則慈孝，事君則忠貞，飲酒則懽樂，處喪則悲哀。忠貞以功爲主，飲酒以樂爲主，處喪以哀爲主，事親以適爲主。功成之美，無一其迹矣。功成而不居。事親以適，不論所以矣。事親不顧其他。飲酒以樂，不選其具矣。飲酒不擇其味。處喪

畏影惡迹，此喻極佳。

漁父以夫子所爲皆爲人，而非爲己，所以不免於四謗。

此等譬喻，極其精當。

描寫如畫。

數句便占地步。

以哀，無問其禮矣。居喪不事煩文。禮者，世俗之所爲也，真者，所以受於天也，自然不可易也。故聖人法天貴真，不拘於俗。愚者反此，不能法天而恤於人，不知貴真，禄禄與碌碌同。而受變於俗，故不足惜哉。子之早湛沉溺也。於人僞，而晚聞大道也。」

孔子又再拜而遲曰：「今者丘得遇也，若天幸然。先生不羞而比之服役，而身教之，敢問舍居舍。所在？請因受業，而卒學大道。」客曰：「吾聞之：可與往者，與之至於妙道，不可與往者，不知其道，慎勿與之，身乃無咎。子勉之，吾去子矣。吾去子矣。」乃刺船而去，延緣葦間。顏回還車，子路授綏，孔子不顧，待水波定，不聞拏音，而後敢乘。子路旁車而問曰：「由得爲役久矣，未嘗見夫子遇人如此其威也。威，敬畏也。萬乘之主，千乘之君，見夫子未嘗不分庭抗禮，夫子猶有倨傲之容。今漁父甫同。杖拏逆立，對面而立。而夫子曲腰磬折，再拜而應，無乃太甚乎？門人皆怪夫子矣。漁父何以得此乎？」孔子伏軾而歎曰：「甚矣，由之難化也。湛浸潤也。於禮義有間矣，而樸鄙之心至今未去。進，吾語女。夫遇長不敬，失禮也。見賢不尊，不仁也。彼非至仁，不能下人，下人不精，誠也。不得其真，故長傷身。惜哉不仁之於人也，禍莫大焉，而由獨擅之。且道者萬物之所由也，庶物失之者死，得之者生，爲事逆之則敗，順之則成。故道之所在，聖人尊之。今漁父之於道，可謂有矣，吾敢不敬乎？」

末句結出漁父之得道。

是章見列子止於何相孰也，南華却添巧者以下數句，總結前義愈精。

雜篇列禦寇第三十二

此篇的爲莊子著述，將畢之語，觀末段自見。

列禦寇之齊，中道而反，遇伯昏瞀音務。人。伯昏瞀人曰：「奚方所也。而反？」曰：「吾驚焉。」曰：「惡乎驚？」曰：「吾嘗食於十饗音漿。而五饗先饋。」十五舉成數而言，食十饗而五饗先饋，謂其人敬已，但取一半之值，而以其半作饋也。伯昏瞀人曰：「若是則汝何爲驚己？」曰：「夫内誠不解，外諜動也。成光，以外鎮人心，使人輕乎貴老，而整音躋，聚也。其所患。夫饗人特爲食音飼。美之貨，多餘之贏，其爲利也薄，其爲權也輕，而猶若是，而况於萬乘之主乎？身勞於國而智盡於事，彼將任我以事，而效我以功。吾是以驚。」伯昏瞀人曰：「善哉觀乎。汝處己，人將保汝矣。」汝之處己，若此人將以汝爲師保矣。無幾何而往，則户外之履滿矣。言師之者衆也。伯昏瞀人北面而

「發藥」二字有味。

歸結在虛字。

立，敦杖蹙之乎頤。立有間，不言而出。賓者主賓客之命者。以告列子，列子提屨，跣而走，暨乎門，曰：「先生既來，曾不發藥乎？」曰：「已矣，吾固告汝曰：人將保汝，果保汝矣。非汝能使人保汝，而汝不能使人無保汝也。而焉用之？汝又安用以保爲哉。感豫出異也，夫人感而悦，必汝不能自晦見異而致然。必且有感，搖爾本性，豈惟外不能自隱，必且感觸搖動汝本然之性。又無謂也。又無益也。與汝遊者，又莫汝告也。彼所小言，盡人毒也。彼所學未至，其言淺小徒爲人毒害也。莫覺莫悟，何相孰也？子今莫覺莫悟矣，則惡復有與汝相誰何者哉？巧者勞而智者憂，無能者無所求，飽食而遨遊，汎若不繫之舟，虛而遨遊者也。」

鄭人緩也，呻吟裘氏之地，緩，鄭人名。呻吟，誦讀之聲。祇音只。三年而緩爲儒。河潤九里，澤友三族，言利澤及人之遠也。使其弟墨。緩因使其弟翟學爲墨者。儒、墨相與辨，學成而兄弟二人各以其學相雄長。其父助翟。其父溺愛少子，從而助之。十年而緩自殺，其父夢之見夢於父。曰：「使而子爲墨者，予也。使汝子爲墨者誰乎？我教之也。我與季子亦有恩矣。

造物以下，莊子斷詞。

南華以遁天之刑一語，結緩公案，所以爲狠愎怨天者之戒。

闔胡嘗視其良？音浪，冢也。既爲秋栢之實矣。父盍嘗視我之墓乎？我之墓木垂垂焉有秋栢之實矣，緩之意蓋持其有恩無報者，以爲父尤也。夫造物者之報人也，不報其人，而報其人之天。請以造物論天之報人也，不報於人之力，而報於人之天，使彼爲墨，人之力也，彼得爲墨，人之天也。天謂彼性分中帶得有此熏習之氣，故爲墨而墨成。彼固使彼。是彼天者，使彼爲墨，既已彰其報矣。夫人以己爲有以異於人，以賤其親。夫，緩也，固貪之以爲功，以爲己之處弟，有以異於他人，而賤視其親，謂成彼者與生彼者等耶。齊人之井飲者相捽也，齊人即齊民，猶云衆人也。以井豈一人物耶。鑿地出泉，往來井井造物者，不自蘄也，而人固專之以爲己私，何示弗廣邪？故曰：「今之世皆緩也。言今之人，凡有我而市私恩者，皆緩之類也。自是有德者以不知也，而況有道者乎？夫至人無恩，上德不德，有德者尚不自知也，而況有道者邪？古者謂之遁天之刑。」不務道德而務施報，貪天之功以爲己力，古者謂之遁天之刑。刑者成也，天刑謂天之成理。聖人安其所安，不安其所不安。衆人安其所不安，不安其所安。故聖人安其所安而不安其所不安，安其所安，則不遁天之刑矣，小人反是。

莊子曰：「知道易，勿言難。知而不言，所以之天也。知而言此一段莊子自喻，道廣大而未有所施意。

末句嘆言小者。

曹商以車自侈，南華以道自尊，趨向便自不同。

極言其污辱不足貴。

之，所以之人也。古之人，天而不人。朱泙音平。漫學屠龍於支離益，單音丹，盡也。千金之家，三年技成而無所用其巧。聖人以必不必，以可必者，爲未必然。故無兵。爭也。衆人以不必必之，以不可必者爲可必。故多兵。順於兵，故行有求。順其爭競之心，故其行常有求敵之意。兵恃之則亡。以爭自恃，必亡其身。小夫之智，不離苞苴竿牘，苞苴，以禮物相遺饋者也。竿牘，以竹簡相問訊者也。敝精神乎蹇淺，而欲兼濟道物，太一形虛。欲以兼濟乎道物，以合于太始無形之用。若是者，迷惑於宇宙，形累不知太初。不知自然之理。彼至人者，歸精神乎無始，而甘冥乎無何有之鄉。水流乎無形，發泄乎太清。悲哉乎！汝爲智在毫毛，而不知太寧。」不知無爲自然之理。

宋人有曹商者，爲宋王使秦。其往也得車數乘，王説之，益車百乘。反於宋，見莊子曰：「夫處窮閭阨巷，困窘織屨，稿頂黃馘者，稿頂，頂無餘肉而枯瘦也。黃馘，耳無潤澤而黃薄也。商之所短也。一悟萬乘之主而從車百乘者，商之所長也。」莊子里：「秦王有病召醫，破癰潰痤者得車一乘，舐痔者得車五乘。所治愈下，得車愈多。子顔闔肆言以阻夫子，其人品無足論矣。

例言有爲之學，有道者不齒。

豈治其痔邪？何得車之多也？子行矣。」

魯哀公問顔闔曰：「吾以仲尼爲貞幹，爲邦之幹。國其有瘳乎？」曰：「殆哉圾乎！仲尼方且飾羽而畫，以文物之美爲飾。從事華辭。以支爲旨，以枝葉之言爲美。忍性以視民，與示同。民，而不知不信。矯揉其性以示民，而不知其不實。受乎心，心有所着。宰乎神，神有所主。夫何足以上民？彼宜汝與予頤與，誤而可矣。彼指仲尼。頤，養也。言仲尼若與汝宜而與之以安養乎天下，與此誤而用之，則可爲耳。今使民離實學僞，非所以視民也。爲後世慮，不若休之。」休，已也。言勿用也。

難治也，民未易治也。施於人而不忘，非天布也。施人者當忘其施，苟有所施而未忘，則以有心治民，非天之布施普物，無心者也。商賈不齒，雖以事〔一〕齒之，神者弗齒。故商賈不齒於大道，謂其有私心也。然而士農工商，國之四民，雖使爲士者齒之，而而神者齒之乎神，則天則已矣，道而已矣。人而不天，宜其不爲所齒也。

〔一〕「事」，原作「士」，據宋本《南華真經》改。

此言真人可免內外之刑。

此段論觀人之術。

此見位愈高者當志愈謙。

爲外刑者，金與木也。金謂刀鋸斧鉞，木謂桁楊桎梏。爲內刑者，動與過舉動過失。也。宵人之離外刑者，金木訊之。宵人，即小人，離，麗也，訊，鞫問也。離內刑者，陰陽食之。爲造化之所譴。夫免乎內外之刑者，惟真人能之。

孔子曰：「凡人心險於山川，難於知天，天猶有春秋冬夏旦暮之期，人者厚貌深情，故有貌愿而益，其貌若樸，而外求利。有長若不肖，內抱長，而外若無能。有順懁音澴。而達，柔急而順理。有堅而縵，堅剛而軟弱。有緩而釬，若遲而褊急。釬，音捍。故其就義若渴者，其去義若熱。故君子遠使之而觀其忠，近使之而觀其敬，煩使之而觀其能，卒然問焉而觀其智，急與之期而觀其信，委之以財而觀其仁，告之以危而觀其節，醉之以酒而觀其則，雜之以處而觀其色。九徵至，不肖人得矣。

正考父宋之公族。一命而傴，一命，士也。背曲曰傴。再命而僂，再命，大夫也。腰曲曰僂。三命而俯，循牆而走。三命，卿也。俯身，伏于地也。循牆而走，不敢當路也。孰敢不軌？軌，則法也。如而夫者，而夫，指今之人。一命睫字下得巧妙。

此段言八極正必六府，語亦高音。

而呂鉅，驕矜也。再命而於車上儛，輕掀也。三命而名諸父。呼叔父之名。孰協唐、許？唐堯、許由皆以讓爲德者，言若此之人，其德協之唐、許何如哉？賊害也。莫大乎德有心而心有睫，音接。及其有睫也，而內視，內視而敗矣。睫者，眼睫，雖眼之所不能無，而亦足害眼，喻如真常應物，雖爲六用之必然，而爲其所累者多，及其有累也，而欲從事於內視之學，以求忘其所累，多見其敗而已矣。

凶德有五，心、耳、目、口、鼻，五者皆能爲害。中德爲首。而心之害爲大。何謂中德？何謂心害爲大。中德也者，有以自好去聲。也，而吡其所不爲者也。心害也者，謂以我之所好，而誚人之所不爲也。

窮有八極，達有三必，形有六府。美、髯、長、大、壯、麗、勇、敢，八者俱過人也，因以是窮。貌美則娟好，有髯則瀟灑，長而大則魁偉，氣不委靡曰壯，口有微詞曰麗，有力强悍曰勇，膽有決斷曰敢，八者俱過人，未必窮也。而究其極，則多以恃壯取敗，故多以是窮。緣循、偃佒、困畏，不若人三者俱通達，緣循，不能自立之貌。偃佒，隨起隨倒之義，心不能通曰困心，有所歉曰畏，三者之人，俱不若人，而却有必達之理。智慧外通，勇動多怨，仁義多責，達生之情者傀，達於知去聲。者肖，達大命者隨，達小命者遭。知慧一府也，知慧則多外通。勇動一府也，勇動則取怨懟。仁義一府也，仁義則多責任。達生一府也，達生之情則造於實際，傀然而大解矣。此一府最爲上乘。達知一府也，達於知則知天知人，天之肖子也。達命一府也，大達則曰吾隨之，小達則曰吾遭之。蓋遭則猶有委命之意，隨則無容心矣，又達命之上乘也。

人有見宋王者，錫車十乘，以其十乘驕穉莊子。謂見莊子而驕，如有穉子之色者。莊子曰：「河上有家貧，恃緯蕭以織葦爲業者。而食者，其子没於淵，得千金之珠。其父謂其子曰：取石來，鍛之。夫千金之珠必在九重之淵，而驪龍頷下，子能得珠者，必遭其睡也。使驪龍而寤，子尚奚微之有哉？今宋國之深，非真九重之淵也。宋王之猛，非真驪龍也。子能得車者，必遭其睡也。使宋王而寤，子爲齏粉矣。」齏，音齊。

此喻人之求富貴，皆欺君而得者。

或聘於莊子，莊子應其使曰：「子見夫犧牛乎？衣以文繡，食以芻菽，及其牽而入於大音泰。廟，雖欲爲孤犢，其可得乎？」

此與前篇曳龜同意。

莊子將死，弟子欲厚葬之。莊子曰：「吾以天地爲棺槨，以日話雖不輕，亦自有味。

奇特之詞。

月爲連璧，星辰爲珠璣，萬物爲齎送。吾葬具豈不備邪？何以加此。」弟子曰：「吾恐烏鳶之食夫子也。」莊子曰：「在上爲烏鳶食，在下爲螻蟻食，奪彼與此，何其偏也？」

以不平平，其平也不平。夫君子之立教也，易其心而後語。不平之言，不言也。若以不平平人，則其平也終於不平而已。以不徵徵，其徵也不徵。文獻足而后言，無徵之言，不言也。若以不徵徵，則其徵也終於不徵而已。明者誰爲之使，神者徵之。且人之聰明，誰爲之使耶？無亦神者徵之乎？

夫明之不勝神也，久矣。而愚者恃其所見入於人，入於人爲。其功外也，求其功於外者也。不亦悲乎！

莊子於篇末叙古今之學術，亦猶孔子之叙聞知見知也。自治方術多矣，至道術將爲天下裂，是一箇冒頭，既隨家數言之，而以其書自列於其中，若鄒魯之學，乃鋪序於總序之内，蓋其心亦以所著之書皆矯激。一篇之言，未嘗不知聖門爲正

雜篇天下第三十三

此篇莊子后序也。

天下之治方術即學術。者多矣，皆以其有爲不可加矣，人皆自是其見也。古之所謂道術者，果惡乎在？曰：無乎不在。曰：神何由降？明何由出，聖有所生，王有所成，皆原於一，不離於宗，謂之天人。不離於精，謂之神人。不離於真，謂之至人。以天爲宗，以德爲本，以道爲門，兆於變化，謂之聖人。以仁爲恩，以義爲理，以禮爲行，以樂爲和，薰然慈仁，謂之君子。以法爲分，以名爲表，以參爲驗，參者，以此而合彼。以稽爲決，稽者，考古而準今。其數一二三四是也。百官以此相齒，以事爲常，以衣食爲主，蕃息畜藏，老弱孤寡爲意，皆有以養民之理也。古之人，其備乎。配神明，醇天地，育萬物，和天下，澤及百姓，明於本數，係於末度，六通四辟，小大精

也。讀其□序，便見他學門有自來矣。

此舉古之以澹泊儉□爲道德者。

粗，其運無乎不在，其明而在數度〔一〕者，舊法、世傳之史尚多有之，其在於《詩》《書》《禮》《樂》者，鄒魯之士、縉紳先生多能明之。《詩》以道音導。志，《書》以道事，《禮》以道行，《樂》以道和，《易》以道陰陽，《春秋》以道名分。其數散於天下，而設於中國者，百家之學時或稱而道之。天下大亂，賢聖不明，道德不一，天下多得一察焉以自好，一察，猶云偏見小知，自好，自愛自媚也。譬於耳目鼻口，皆有所明，不能相通，猶百家衆技也，皆有所長，時有所用。雖然，不該不偏，音遍。一曲之士也。判天地之美，析萬物之理，察古人之全，寡能備於天地之美，稱神明之容。是故内聖外王之道，闇而不明，鬱而不發，天下之人各爲其所欲焉以自爲方。悲夫！百家往迷也。而不反，必不合矣。後世之學者，不幸不見天地之純，古人之大體，道術將爲天下裂。

不侈於後世，不教后世以侈。不靡於萬物，不以物之飾爲麗。不暉於

〔一〕「數度」，原作「曆數」，據宋本《南華真經》改。

此下評墨子等之悦其道，而與古相反。

歷數帝王之樂。

引古喪禮，見墨道之非。

度數，不以禮樂度數爲筆。以繩墨自矯，而備世之急，以繩墨自矯，使自餘而一世之急有備。古之道術有在於是者，古之道術如此。墨翟、禽滑釐聞其風而悦之，爲之太過，已之大順，二子爲之太過。已之大順，其受用在此，而受病亦在於此，已抑遏之也。順，或作慎。作爲「非樂」，命之曰「節用」，《非樂》《節用》，《墨子》書中篇名。生不歌，死無服，墨子氾愛兼利百非鬭，以爭鬭爲非。其道不怒，其爲道也不怒。又好學而博，又好學而推廣其説以爲博。不異，主於尚同。不與先王同，雖同矣，而不同於先王。毁古之禮樂。毁古之所謂樂者，而獨以儉約爲事歷。黄帝有《咸池》，堯有《大章》，舜有《大韶》，禹有《大夏》，湯有《大濩》，文王有辟雍之乐，武王、周公作《武》，古之喪禮貴賤有儀，上下有等，天子棺槨七重，平聲。諸侯五重，大夫三重，士再重。今墨子獨生不歌，死無服，桐棺三寸而無槨，以爲法式，以此教人，恐不愛人，以此自行，固不愛己。未敗墨子道，終必敗墨子之道而不可行。雖然，歌而非歌，人不能無歌，而以歌爲非。哭而非哭，人不能無哭，而以哭爲非。樂而非樂，人不能無樂，而以樂爲非。是果類乎？其道果近人情乎？其生也勤，其死也薄，其道大觳，音孛，補也。使人此又述墨子言而斷之。

墨子援禹之勞形，蓋以伸墨者自苦之説也。

憂，使人悲，其行難爲也，恐其不可以爲聖人之道。反天下之心，天下不堪，墨子雖能獨任，奈天下何？離於天下，其去王也遠矣。王謂王天下之道。

墨子稱道曰：昔者禹之湮洪水，決江河，而通四夷九州也。名川三百，支川三千，小者無數。禹親自操橐耜而九雜天下之川，糾率庶土，雜治天下之川。腓無胈，脛無毛，沐甚風，櫛疾雨，置萬國。禹，大聖也，而形勞天下也如此，使後世之墨，多以褐裘爲衣，以跂蹻爲服，跂，與屐同。木屐曰屐，麻屨曰屩。日夜不休，以自苦爲極，曰：不能如此，非禹之道也，不足謂墨。相里勤墨之師名。之弟子，五侯之徒，皆五國諸侯之徒，言從之者衆也。南方之墨者，苦獲、已齒、鄧陵子三人名。之屬，俱誦墨經，而倍譎不同，尤加倍譎怪，而説不同。相謂別墨。自名爲墨之别派。以堅白同異之辨相訾，以觭偶不仵之辭相應，觭，音奇。仵，音五。訾，反也。應，合也。奇偶本異，而曰不仵，亦强辨。以巨子爲聖人，巨子，上首子弟。皆願爲之尸。主也。冀得爲其後世，至今不決，人人皆願續其道脈，至今不絶。墨翟、禽滑釐之意則是，其行則非也。將使後世數語又寓取之之意。

此舉古之以損己利人爲道者。

此下評宋鈃、尹文之說，其道而雖免物議。

此又述宋鈃之言而斷之。

之墨者，必自苦以腓無胈、脛無毛相進尚也。而已矣。亂之上，治之下也，雖然，墨子真天下之好也，將求之不得也，雖枯槁不舍也，雖然，墨子之學術，天下却好之，往往宗而求之，唯恐不得，極其枯槁而不能舍。才士也夫。

不累於俗，不飾於物，不苟求也。於人，不忮於衆，願天下之安寧以民命，人我之養畢足而止，以此白心，暴白其心。古之道術有在於是者，宋鈃、音刑。尹文聞其風而悅之，作爲華山之冠，以自表，華山上下均平，其冠象之，用以自表。接萬物以別宥爲始，其接物也以別宥者，分別善惡，嘉善而矜不能也。語心之容，命之曰心之行。以聏音而，和也。合歡，以調海內，請欲置之以爲主，形容此心之廣大，則曰心之行，以和合歡愛，以調一四海，有能然者，請必立之以爲主。見侮不辱，救民之鬭，禁攻寢兵，救世之戰，以此周行天下，上說下教，雖天下不取，强聒而不舍者也。故曰：上下見厭而强見强以自見。也，雖然，其爲人太多，其自爲太少，曰：「請欲固置五升之飯足矣。」先生恐不得飽，弟子雖飢，不忘天下，日夜不休，曰：「我必得活哉。」圖傲圖，謀也。傲，矯也。

此舉古之以大公順應爲道者。

此下舉彭蒙三人之悦其道，因述其言而斷之。

乎救世之士哉。其言曰請欲固置五升之飯，以父一日足矣。夫五升之飯，師不得飽，弟子恒飢，自奉亦甚薄矣。將亦何求於世者，而猶不忘天下，日夜不休，曰我豈必以此五升求活哉？凡若此者，將謀以矯夫救世之士，得志而驕矜自肆者也。曰：「君子不爲苛察，不以身假物。」以爲無益於天下者，明之不如已也。其説又曰：君子不爲苛察。苛察則非別宥矣，不以身假物，假物則非不忮不求矣。以爲此身無益於天下，而求備於天下，則不如其已也。以禁攻寢兵爲外，以情欲寡淺爲内。其小大精粗，其行適至是而止。其學之大旨，則外之欲其禁攻而寢兵，内之欲其約情而寡欲，雖其小大精粗不能備舉，其行則適至是而止耳矣。

公而不黨，易而無私，決然無主，決去私意，而無偏主。趣物而不兩，與物同趨而不立人我。不顧於慮，不謀於智，於物無擇，與之俱往，古之道術有在於是者，彭蒙、田駢、慎到聞其風而悦之。齊萬物以爲首，以齊萬物爲首。曰：「天能覆之而不能載之，地能載之而不能覆之，大道能包之而不能辨之，知萬物皆有所可，有所不可，故曰：「選則不偏，天下無棄物，若選而擇之，則物有不偏矣。教則不至，物物不良能，若待教而然，則教有不及矣。道則無遺者矣。」若與之同歸於道，則道體物而未始數語皆無心與物宛轉之喻。

有遺矣。是故慎至棄智去己而緣不得已，泠汰於物，以爲道理。慎到之學，棄智慮，去己私，緣於不得已，而用天下之物，零然汰然，無所選擇，以爲道理當如是而已。曰：「知不知，將薄知而後鄰傷之者也。」夫人皆自以分別爲智，而我不以爲智者，何哉？將薄夫知發之後，鑿而近於傷者也。謑髁音奚果。無任，而笑天下之尚賢也。縱脱無行，去聲。而非天下之大聖。謑髁、縱脱，皆無知無能之貌。椎拍輐斷，謂絶去圭角。與物宛轉，舍是與非，苟可以免。以苟免世俗之累。不師智慮，不知前後，魏然兀然不動。而已矣。推而後行，曳而後往，若飄風之還，若羽之旋，若磨石之隧，音遂，回也。全而無非，以此得自全於世而無非。動靜無過，未嘗有罪。動靜自如而無罪。是何故？夫無知之物，無建己之患，無用知之累，動靜不離於理，是以終身無譽。故曰：至於若無知之物而已，無用賢聖。安用賢聖爲哉。夫塊不失道。豪傑相與笑之曰：「慎到之道，非生人之行，而至死人之理。適得怪焉。」塊，土塊也。土塊不離於道塗，人而塊然如土，則亦不失其當行之道。彼豪傑者相與笑之曰：「慎到之道，非生人之行，而至死人之理。人而如塊，非死而何？適得怪焉」耳。田駢亦然，學於彭蒙，得不教焉。不待

「嘗有聞」三字，亦是取之之意。

此舉聖人之與神明爲伍者。

此下舉關尹、老聃之悅其道，因述其言而斷之。

教而得其道。彭蒙之師曰：「古之道人，至於莫之是、莫之非而已矣。其風窢然，其有言也，未始有言也。窢然而已矣。窢然，逆風之聲。惡可而言。」安可而言乎。常反唯如是，是以常與人相反。人，不見觀而不免於魭斷。人不見其取則，而終不免宛轉遷就。其所謂道非道，而所言之韙，是也。不免於非。彭蒙、田駢、慎到不知道。人皆曰三人不知道。雖然，槩乎皆嘗有聞者也。

以本指道。爲精，以物爲粗，以有積爲不足，以有累之心爲不足，幾乎道。澹然獨與神明居，古之道術有在於是者，關尹、老聃聞其風而悅之。建之以常無有，主之以太乙，常無有即本也。未始有始也。太乙即有始。以濡弱謙下爲表，以空虛不毀萬物爲實。關尹曰：「在己無居，形物自著。」在己之心，一無所往，而形形物物，莫非己心之所顯著。其動若水，其靜若鏡，其應若響。芴音忽。乎若亡，寂乎若清。同焉者和，同焉者，和之而與之同。得焉者失。得焉者，失之而不居其得。未嘗先人，而常隨人。」老聃曰：「知其雄，守其雌，爲天下谿。知其白，守其辱，爲天下谷。」爲谿爲谷，皆謙虛不自滿足之義。人皆取先，己獨取後，曰：

末句贊美之詞。

自冒頭而下，分別五者，而末以己繼老子之後，明言其學出老子也。前三段着三「雖然」，皆斷説其學之是，非獨老子無之。至此又着「雖然」二字，謂其學非無用于世，是其文字轉換處。

「受天下之垢。」人皆取實，己獨取虛，無藏也，故有餘，巋音魁，充足之意。然則有餘。其行身也，徐而不費，無爲也而笑巧。嬉笑世人之巧利。人皆求福，己獨曲全。曰：「苟免於咎。」以深爲根，以太乙之始爲本。以約爲紀。以簡約爲守身之紀。曰：「堅則毀矣，鋭則挫矣。」常寬容於物，不削於人，可謂至極。關尹、老聃乎，古之博大真人哉。

寂漠無形，變化無常，死與生與，天地並與，神明往與，芒乎何之？忽乎何適？萬物畢羅，莫足以歸。人莫知所歸宿。古之道術有在於是者，莊周聞其風而悦之。以謬悠虛遠。之説，荒唐放蕩。之言，無端崖之辭，時恣縱而不儻，偏黨。不以觭見之也。又不欲以奇自表見。以天下爲沈濁，不可與莊語。以天下之人爲沉溺污濁，而不可以莊重之語道之。以卮言爲曼衍，以重言爲真，以寓言爲廣。獨與天地精神往來，而不敖倪於萬物，不譴是非，以與世俗處。其書雖瓌瑋，而連犿音辨。無傷也。瓌瑋，奇特之狀。連犿，相從之貌。言其書雖奇特，而却善體物情，與物相從而不違也。其辭雖參差，而淑詭可觀。其詞雖若參差不一，而滑稽詭譎之中，却有可深思而得之理。彼其充實，不可以已。彼其胷中若有物積，必欲惠子特好辨者，故不與道術，特於篇末言之。觀其立言，真可謂弔詭一時，睥睨千古矣。

吐盡而不可以已者。上與造物者遊，而下與外死生無終始者爲友。其於本也，弘大而闢，深閎而肆，其於宗也，可謂調適而上遂矣。雖然，其應於化而解於物也，雖其言如是，而用之則應造化而通物理。其理不竭，其出也無窮盡。其來不蛻，其來也不離於本宗。芒乎昧乎，未之盡者。此段道理，便是變化無常，書以載道，故此書所言，直是茫昧無盡，若常人語下則遺上，語理則遺物，又安得謂之無盡乎。

惠施多方，惠施之學，主於誇多。其書五車，其道舛駁，其言也不中，去聲。歷物之意，歷歷舉起辨物之意。曰：至大無外，謂之大一。至小無內，謂之小一。無厚不可積也，其大千里。無厚，是指超於形色之表者。至微至細，本不可積，若形形色色，積而充滿天地，則無無厚者亦滿天地，何啻千里。又孰謂無厚者不可積耶。天與地卑，天尊地卑，其位定矣，而天道下濟，是天亦可言卑。山與澤平，山高澤深，其象陳矣，而山中有澤，則山不得名爲高。日方中方睨，日言中矣，若睨而視之，則中者亦可謂之昃。物方生方死，物方生矣，而絕后再甦，則生者亦可謂之死。大同而與小同異，此之謂小同異。萬物畢同畢異，此之謂大同異。

詞雖辨而却有見，説惠子胸中何變幻若是耶？

凡此皆於言語名相間横生種種聰明意見，以求異於人。惠子一生搬弄精神，只在於此。雖其説不經，然讀之能令人胸

南方無窮而有窮，天地東南匯爲巨浸，溺漫浩渺，不知其窮，故人皆知南方之無窮，而不知既謂之方，則滯於有形，會有涯際，又地不足於東南，不足非窮乎。**今日適越而昔來，**今日適越者，啓行雖在今日，而昔者已有適越之心，若以神用，而不以形用，是不謂今日適越而昔至乎？**連環可解也，**連環者，兩環相連，本不可解，然但能相連而不能相合，不相合則謂之解可也。**我知天下之中央，燕之北、越之南是也。**夫南北本不可言中，而夫無定體，中無定在，燕越雖居南北之端，而越不見燕，燕不見越，各以所在而定之方中，故越之南，燕之比，皆可以爲天下之中央。**汎愛萬物，天地一體也。惠子所此爲大，觀於天下，而曉辨者，天下之辨者相與樂之。**惠子以萬物一體之道，爲獨高於天下，而曉辨者，是以天下之辨者開口便説萬物一體，相與樂而趨之也。

卵有毛，誰謂卵無毛？而孚生之鷇皆有毛。又以雞孚鴨毛不成雞，是毛定卵中，謂卵有毛可也。**雞三足，**人皆謂雞二足，不知以形用者，人皆見之，孰主張是。以神用者，又一足也，故曰雞三足。**郢有天下，**楚都於郢，何以有天下？天下者，天下之天下也。楚自爲王，則亦楚之天下矣，故曰郢有天下。**犬可以爲羊，**犬、羊皆人所命之名，未有此名之先，呼犬爲羊，犬亦未嘗不受也，故曰犬可以爲羊。**馬有卵，**卵胎，

中生機活潑，下筆時可以化臭腐爲神奇。南華述此，不爲無補。

亦人所立之名，未立此名之先，謂胎爲卵，馬亦未嘗不受也，故曰馬有卵。**丁子有尾，**丁子者，蟆也。蟆無尾，而蝌蚪有尾，壯則尾落而爲蟆，故丁子有尾。**火不熱，**寒熱皆人所立之名，人謂火爲熱，而火豈自知其熱乎？故曰火不熱。**山出口，**山不出口，而空谷何以傳聲？故曰山出口。**輪不蹍地，**輪雖蹍地，而脱輻則不能行，故曰輪不蹍地。**目不見，指不至，至不絶，**目能視物，而不能以自視，手能指物，而不能以自指，故目不視，指不至，而手目之伎倆，容有窮絶之時，使其俱視俱至，則不至窮絶矣，故曰至不絶。**龜長於蛇，**龜短於蛇，而龜率其龜之性，則其長亦與蛇同，故曰龜長於蛇。**矩不方，規不可以爲圓，**矩以爲方，而矩之體不方，故言方則不得謂之矩，言矩則不得謂之方，規員亦然，故曰矩不方，規不可以爲員。**鑿不圍枘，**枘形員，而鑿形方，今木工但謂竅物爲鑿耳，不知圍枘亦可以鑿名乎？故曰鑿不圍枘。**飛鳥之影未嘗動也，**鳥飛於天，影落於地，但可謂之鳥動，而不可謂之影動。何者？影也者，有待而能者也。無鳥則無影，影能自動乎？故曰飛鳥之影，未嘗動也。**鏃矢之疾，而有不行不止之時。**矢安於弦則行，中於鵠則止，無有不行不止者，然使不至其地，則不得謂之行，不貫於約，則不得謂之止，是鏃矢雖疾，而有不行不止之時矣。

狗非犬，一物可以兩名乎？故言犬則犬而已，又豈得復以狗名乎？故曰狗非又歷舉與惠施辨者。

又說惠施之以辨自賢。

犬。黃馬驪牛三，白狗黑，黃馬驪牛三，兼形與色而合之三也。馬牛者形也，驪黃者，色也。色附於體，則一者可析而爲三，是故有驪馬也，黃馬也，又有驪黃馬也，驪牛也，黃牛也，又有驪黃牛也。白狗黑亦然，是皆一物而三。形者，實也，色者，虛也，虛實相乘，其理如比。孤駒未嘗有母。馬之有母者，曰駒，無母者，曰孤。言駒則不得稱孤矣。言孤則不復爲駒矣。今日孤駒，是駒未嘗有母矣，豈理乎？一尺之棰，日取其半，萬世不竭。棰，搗衣之杵也。棰有雙用，若日取其半而更用之，則世常久可以無損壞之虞。世辨者以此與惠施相應，終身無窮。桓團、公孫龍辨者之徒，飾人之心，易人之意，能勝人之口，不能服人之心，辨者之囿也。辨囿，言叢天下之辨而不能解也。惠施日以其智與人之辨，特與天下之辨者爲怪，此其抵也。其說大抵如此。然惠施之口談，自以爲最賢，曰：「天地其壯處？施存雄而無術。」然惠施自以口說爲最賢，他人未必賢也。觀其言曰：天地其壯乎？施言我之辨天地，爲我增氣。造物者爲我擊節，其自負如此。是蓋存雄而無術者也。夫守雌者，道也，存雄，非道也。故曰無術。無術，則其去道遠矣。

南方有畸人焉，畸，音奇，畸人，奇異之人也。曰黃繚，問天地所以不評惠施以善辨爲名，所以不得與於道。

墜不陷，風雨雷霆之故。惠施不辭而應，不慮而對，偏爲萬物說。說而不休，多而無已，猶以爲寡，益之以怪，以反人爲寔，而欲以勝人爲名，是以與衆不適相合。也。弱於德，强於物，夫有言者，必有德，而惠子之言，則敬於德而强與物辨耳。其塗隩矣。其於道也，亦終幽暗而已。由天地之道觀惠施之能，其猶一蚊一虻之勞者也。其於物也何庸？用也。夫充一尚可，曰愈貴道，幾矣！夫充一蚊一虻之類而進之，雖大寧，幾尚可許之以是，而曰愈於貴道，亦幾乎殆矣。惠施不能以此自寧，散於萬物而不厭，惠施不能以此自寧，一其心志，以求進於道，獨以其精神散於萬物，而不厭其煩。卒以善辨爲名。惜乎！惠施之才，駘音殆。蕩而不得，駘蕩而不得於心。逐萬物而不反，逐物而不反其本。是窮響以聲，形與影競走也，悲夫！

圖書在版編目（CIP）數據

南華經句解/（明）陳榮選撰；劉韶軍點校．—福州：福建人民出版社，2023.10

（莊子集成/劉固盛主編）

ISBN 978-7-211-09185-0

Ⅰ．①南…　Ⅱ．①陈…　②刘…　Ⅲ．①《庄子》—注释　Ⅳ．①B223.5

中國國家版本館 CIP 數據核字（2023）第 190557 號

南華經句解

作　　者：［明］陳榮選　撰　　劉韶軍　點校
責任編輯：林　頂
美術編輯：白　玫
責任校對：林喬楠
出版發行：福建人民出版社
電　　話：0591-87533169（發行部）
網　　址：http://www.fjpph.com
電子郵箱：fjpph7221@126.com
地　　址：福建省福州市東水路 76 號
經　　銷：福建新華發行（集團）有限責任公司
印刷裝訂：上海盛通時代印刷有限公司
地　　址：上海市金山區廣業路 568 號
電　　話：021-37910000
開　　本：890 毫米 ×1240 毫米　1/32
印　　張：10
字　　數：176 千字
版　　次：2023 年 10 月第 1 版第 1 次印刷
書　　號：ISBN 978-7-211-09185-0
定　　價：78.00 元